KB008314

왕초보의 말문을 터주는

중국어회화
핵심패턴

88

왕초보의 말문을 터주는
중국어회화
핵심패턴
88

초판 발행	2008년 01월 30일
초판 11쇄	2019년 02월 25일
저자	최정임
발행인	이진곤
발행처	씨앤톡
등록일자	2003년 5월 22일
등록번호	제 313-2003-00192호
ISBN	978-89-90763-93-8
주소	경기도 파주시 문발로 405 제2출판단지 씨앤톡사옥 3층
홈페이지	www.seentalk.co.kr
전화	02-338-0092
팩스	02-338-0097

ⓒ2008, see&talk

본 책은 저작권법에 의해 보호를 받는 저작물이므로 무단 전재와 복제를 금합니다.

머리말

외국어를 학습하는 데 있어서 가장 중요한 것은 그 언어에 대한 이해입니다. 그 언어의 기본 규칙이 무엇인지, 어떤 형식으로 활용되는지를 안다면 좀 더 쉽게 외국어를 배울 수 있으리라 생각됩니다.

중국어는 문장성분의 위치가 중요한 역할을 하는 언어로 어순이 비교적 고정적이어서 패턴을 파악한다면 어휘 습득을 통해 다양한 문장을 활용할 수 있습니다.

이 책은 중국어 학습자들이 중국어에 좀 더 쉽게 다가가 회화에 필요한 기본 패턴을 읽힐 수 있게 하는 데 중점을 두었습니다. 총 4장으로 각 패턴마다 제시된 문장을 익힌 후 대화문을 통해 활용하고 실제로 패턴을 연습할 수 있도록 구성했습니다. 회화와 작문에 주로 쓰이는 구문으로 초급 단계의 중국어 학습자들에 초점을 맞춰 구성했습니다. 1장에서는 중국어의 기본 패턴을 제시해 기본 문장의 구성형식을 파악하고 활용하는 데 중점을 두었습니다. 2장에서는 의사소통에서 가장 자주 사용하는 질문 패턴들을 모아 놓았습니다. 3장에서는 중국어 회화에 꼭 필요한 필수 패턴을 설명해 놓았으며 4장에서는 회화에 필요한 관용적인 표현들을 정리해 놓았습니다.

언어에서 문법도 중요하지만 그것은 암기의 대상이 아니라 언어를 이해하는 수단입니다. 이 책은 문법을 읽히는 데 중점을 주지 않고 핵심 패턴을 통한 문장 활용에 중점을 두었습니다. 패턴을 익히다보면 저절로 중국어 문장을 활용할 수 있을 것입니다. 무엇이든지 기초가 가장 중요합니다.

외국어 학습은 문장의 규칙을 자연스럽게 이해하고 그 패턴을 활용하는 것이 관건입니다. 기본 구문을 충실히 익히고 다양한 어휘를 학습한다면 한층 더 나아진 중국어 실력을 느낄 수 있을 것입니다. 이 책을 통해 중국어에서 기초를 닦아 앞으로 큰 발걸음을 내디딜 수 있기를 바랍니다. 어떤 언어든 덤벼들지 않으면 어떤 결과도 이룰 수 없습니다. 지금부터 그 첫 발걸음을 힘차게 내딛으세요.

최정임

구성 및 특징

이 책은 일상생활에서 가장 많이 쓰이는 패턴 표현을 88가지로 나누어 정리 하였습니다. 크게 기본패턴, 질문패턴, 필수패턴, 관용표현 4장으로 나뉘며 패턴에 따라 단어만 바꾸면 하고 싶은 말을 할 수 있게 꾸몄습니다.

● 배우게 될 패턴을 소개하고 핵심이 되는 설명을 넣었습니다.

● 패턴 종류(기본패턴, 질문패턴, 필수패턴, 관용표현)와 패턴 번호입니다.

● 통암기 하세요!

패턴을 이용하여 만든 문장입니다. 패턴만 알면 얼마든지 단어만 바꿔서 많은 문장을 만들 수 있다는 것을 보여줍니다.

들으면서 패턴과 단어를 함께 외워보세요. 중국어로 말할 때 많은 도움이 될 것입니다.

🐮 패턴에 대한 설명 부분입니다.
그 패턴에 쓰인 뜻 말고 다른 뜻으로 쓰이는 경우나 비슷한 뜻의 다른 표현이 있는 경우 예문을 들어 설명했습니다. 패턴을 이해하는 데 도움이 많이 되니 꼭 읽어보세요.

● 이렇게 쓰어요!

패턴이 대화에서는 어떻게 활용되는지 알 수 있게 대화문으로 구성했습니다. 어떻게 쓰이는지 잘 보고 따라해 보세요.

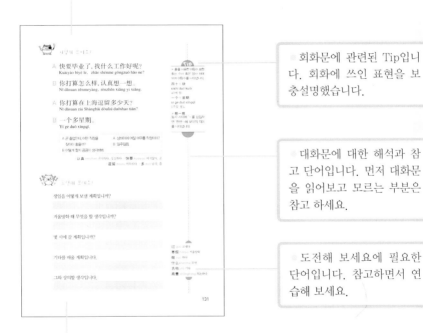

● 회화문에 관련된 Tip입니다. 회화에 쓰인 표현을 보충설명했습니다.

● 대화문에 대한 해석과 참고 단어입니다. 먼저 대화문을 읽어보고 모르는 부분은 참고 하세요.

● 도전해 보세요에 필요한 단어입니다. 참고하면서 연습해 보세요.

● 도전해 보세요!

앞에서 익힌 패턴 문장과 대화문을 생각하면서 우리말을 중국어로 바꾸는 연습을 해보세요. 여기까지 하고 나면 이 패턴 표현에 대해서는 자신감이 생길 것입니다.
많이 듣고, 열심히 따라하면 꼭 성과가 있으니 포기하지 마시고 열심히 하세요.

차례

머리말
구성 및 특징

중국어 회화를 위한 **기본 패턴**

중국어 회화를 위한 **질문 패턴**

중국어 회화를 위한 **필수 패턴**

중국어 회화를 위한 **관용 표현**

중국어 회화를 위한 **기 본 패 턴**

这(那)是~ 이것(저것)은 ~입니다

这 / 那는 근칭과 원칭을 가리키는 지시대명사이며 '是'는 '~이다'라는 뜻의 동사입니다.

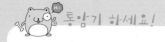 통암기 하세요!

这是书。
Zhè shì shū.

이것은 책입니다.

这是苹果。
Zhè shì píngguǒ.

이것은 사과입니다.

这是桌子。
Zhè shì zhuōzi.

이것은 책상입니다.

那是电脑。
Nà shì diànnǎo.

저것은 컴퓨터입니다.

那是我的眼镜。
Nà shì wǒ de yǎnjìng.

저것은 제 안경입니다.

▶ 중국어의 기본 어순은 '주어+동사+목적어'입니다.

▶ 중국어에는 근칭을 가리키는 '这(이, 이것)'와 원칭을 가리키는 '那(그, 저, 그 것, 저것)'가 있습니다.

▶ '的'는 명사나 인칭대명사가 명사를 수식할 때 사용하며 소유나 소속 관계를 나타냅니다.
수식어(대명사, 명사) + 的 + 중심어(명사)
我的眼镜 wǒ de yǎnjìng 나의 안경

A 这是什么书?
Zhè shì shénme shū?

B 这是我的汉语书。
Zhè shì wǒ de Hànyǔshū.

A 那是谁的照相机?
Nà shì shéi de zhàoxiàngjī?

B 那是他的照相机。
Nà shì tā de zhàoxiàngjī.

A 이것은 무슨 책이에요?　　A 저것은 누구 카메라예요?
B 이것은 제 중국어 책이에요.　B 저것은 그의 카메라예요.

·什么 shénme 무엇　·谁 shéi 누구　·他 tā 그

도전해 보세요!

이것은 노트입니다.

저것은 의자입니다.

이것은 중국 음식입니다.

저것은 제 카메라입니다.

이것은 제 옷입니다.

本子 běnzi 노트
椅子 yǐzi 의자
中国菜 Zhōngguócài
중국 요리, 중국 음식
照相机 zhàoxiàngjī 카메라
衣服 yīfu 옷

这(那)就是~ 이것(저것)이 바로 ~입니다

'바로'라는 뜻을 지닌 부사 **就**를 사용해 문장을 강조해 봅시다. 부사는 서술어 앞에 놓입니다.

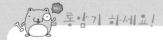 통암기 하세요!

这就是汉语书。
Zhè jiù shì Hànyǔshū.

이것이 바로 중국어 책입니다.

这就是韩国菜。
Zhè jiù shì Hánguócài.

이것이 바로 한국 음식입니다.

这就是眼镜。
Zhè jiù shì yǎnjìng.

이것이 바로 안경입니다.

那就是我的眼镜。
Nà jiù shì wǒ de yǎnjìng.

저것이 바로 제 안경입니다.

那就是他的电脑。
Nà jiù shì tā de diànnǎo.

저것이 바로 그의 컴퓨터입니다.

▶ 중국어에서 부사는 일반적으로 술어동사 앞에 위치합니다. '就(바로)'는 부사 이므로 술어동사 '是' 앞에 놓여 강조의 어기를 나타냅니다.

▶ '~就是~'에는 '바로 ~이다'라는 뜻 이외에 '맞아요, 그렇고 말고요'의 뜻도 있습니다. 주로 상대방의 말에 맞장구 칠 때 사용합니다.

A 他的话不对。 Tā de huà bú duì. 그의 말은 틀렸습니다.

B 就是, 就是! Jiùshì, jiùshì! 맞아요, 그렇다니까요!

A 这是你的笔记本电脑吗?
　Zhè shì nǐ de bǐjìběn diànnǎo ma?

B 不是。那就是我的笔记本电脑。
　Búshì.　　Nà jiù shì wǒ de bǐjìběn diànnǎo.

A 那是你的书包吗?
　Nà shì nǐ de shūbāo ma?

B 不是。这就是我的书包。
　Búshì.　　Zhè jiù shì wǒ de shūbāo.

> A 이것은 네 노트북이니?　　　　A 저것이 네 책가방이야?
> B 아니, 저게 바로 내 노트북이야.　B 아니, 이게 바로 내 책가방이야.

· 书包 shūbāo 책가방　· 话 huà 말　· 对 duì 맞다

 도전해 보세요!

저것이 바로 노트북입니다.

이것이 바로 그의 영어 책입니다.

이것이 바로 제 신발입니다.

이것이 바로 제 단점입니다.

이것이 바로 전통 중국 요리입니다.

笔记本电脑 bǐjìběn diànnǎo
노트북
英语书 Yīngyǔshū 영어책
鞋 xié 신발
短处 duǎnchù 단점
地道 dìdao 진짜의, 본고장의

15

这(那)是~ 이쪽(저쪽)은 ~입니다

'这是~'는 사물을 지칭할 때도 쓰이지만 사람을 지칭하기도 합니다. 사람을 지칭할 때는 주로 상대방에게 소개할 때 사용합니다.

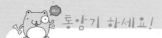 통암기 하세요!

这是我爸爸。
Zhè shì wǒ bàba.

이쪽은 저희 아버지입니다.

这是我妈妈。
Zhè shì wǒ māma.

이쪽은 저희 어머니입니다.

这是我朋友。
Zhè shì wǒ péngyou.

이쪽은 제 친구입니다.

那是我女儿。
Nà shì wǒ nǚ'ér.

저쪽은 제 딸입니다.

那是我的老师。
Nà shì wǒ de lǎoshī.

저쪽은 우리 선생님입니다.

▶ 중국어의 수식구조는 '수식어 + 중심어'로 한국어와 같습니다. 이때 수식어 뒤에는 구조조사 '的'를 붙입니다. 만약 인칭대명사가 친족 명칭이나 친구, 소속 집단이나 단체를 수식할 경우에는 '的'를 쓰지 않아도 됩니다.

我爸爸 wǒ bàba 우리 아빠   我朋友 wǒ péngyou 내 친구
我们学校 wǒmen xuéxiào 우리 학교
我们公司 wǒmen gōngsī 우리 회사

学校 xuéxiào 학교   公司 gōngsī 회사   我们 wǒmen 우리

이렇게 쓰여요!

A 这是我爸爸，这是我妈妈。
Zhè shì wǒ bàba, zhè shì wǒ māma.

B 你们好!
Nǐmen hǎo!

A 这是我的老师。
Zhè shì wǒ de lǎoshī.

B 老师，您好!
Lǎoshī,　nín hǎo!

A 이쪽은 우리 아버지이시고,　　　A 이쪽은 우리 선생님이셔.
　이쪽은 우리 어머니이셔.　　　　B 선생님, 안녕하세요!
B 안녕하세요!

· 好 hǎo 좋다　· 你们 nǐmen 당신들, 너희들　· 您 nín 당신(你의 존칭어)

도전해 보세요!

이 분은 왕 선생님이십니다.

이쪽은 제 아내입니다.

이쪽은 그의 누나입니다.

이쪽은 제 여자 친구입니다.

이 분은 샤오리의 어머니입니다.

王 Wáng (성씨) 왕
爱人 àiren 남편 또는 아내
姐姐 jiějie 누나, 언니
女朋友 nǚpéngyou 여자 친구
小丽 Xiǎolì (인명)샤오리

17

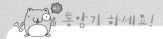

这(那)位是~ 이 분은 ~입니다

这 / 那는 명사구를 형성해 주어와 목적어로 쓰일 수 있습니다. 이 때 这 / 那와 명
사 사이에는 양사가 놓이며 '这 / 那+양사'만으로도 명사구를 형성합니다.

 통암기 하세요!

这位是王先生。
Zhè wèi shì Wáng xiānsheng.

이 분은 왕 선생입니다.

这位是我父亲。
Zhè wèi shì wǒ fùqīn.

이 분은 저희 아버지입니다.

这位是我母亲。
Zhè wèi shì wǒ mǔqīn.

이 분은 저희 어머니입니다.

那位是张经理。
Nà wèi shì Zhāng jīnglǐ.

저 분은 장 사장님입니다.

那位是我们公司的经理。
Nà wèi shì wǒmen gōngsī de jīnglǐ.

저 분은 우리 회사 사장님이십니다.

▶ 중국어는 양사가 발달한 언어입니다. 한국어의 '책 한 권', '꽃 두 송이'에서
'권', '송이'처럼 명사를 세는 것을 명량사라고 합니다. 일반적으로 사람을 셀
때는 '个 ge (명)'를 사용하는데, 한 분, 두 분처럼 존칭을 나타낼 때는 '位 wèi
(분)'를 사용합니다.

▶ 老师와 先生의 차이
한국어에서 선생님에 해당되는 한자는 '先生'으로, 중국어의 '先生'과 혼동
하기 쉽습니다. 하지만 중국어로 선생님은 '老师'이고, '先生'은 성인 남성에
대한 호칭으로 쓰이거나 여자가 자신의 남편, 다른 사람의 남편을 지칭할 때
사용합니다.

A 这位是…
　Zhè wèi shì…

B 这位是我们公司的副经理。
　Zhè wèi shì wǒmen gōngsī de fùjīnglǐ.

A 那位是谁?
　Nà wèi shì shéi?

B 那位是张老师。
　Nà wèi shì Zhāng lǎoshī.

> A 이 분은…　　　　　　　　A 저분은 누구세요?
> B 이분은 우리 회사의 부사장님이세요. B 장 선생님이세요.

도전해 보세요!

이 분은 왕 교수님이십니다.

이 분은 샤오리의 할아버지입니다.

이 분은 저의 중국어 선생님이십니다.

이 분은 김 선생님의 어머니이십니다.

이 분은 저희 어머니의 친구 분이십니다.

教授 jiàoshòu 교수
汉语老师 Hànyǔ lǎoshī
金 Jīn (성씨)김

这儿(那儿)就是~ 여기(저기)가 바로 ~입니다

这儿/那儿는 장소를 가리키는 지시대명사입니다.

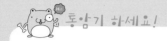 통암기 하세요!

这儿就是图书馆。
Zhèr jiù shì túshūguǎn.

여기가 바로 도서관입니다.

这儿就是银行。
Zhèr jiù shì yínháng.

여기가 바로 은행입니다.

这儿就是医院。
Zhèr jiù shì yīyuàn.

여기가 바로 병원입니다.

那儿就是百货大楼。
Nàr jiù shì bǎihuòdàlóu.

저기가 바로 백화점입니다.

那儿就是商店。
Nàr jiù shì shāngdiàn.

저기가 바로 상점입니다.

▶ 장소를 나타내는 지시대명사

	근칭	원칭	의문
장소	여기, 이곳	저기, 저곳	어디
	这儿 zhèr	那儿 nàr	哪儿 nǎr
	这里 zhèli	那里 nàli	哪里 nǎli

这儿 zhèr, 那儿 nàr, 哪儿 nǎr은 중국의 북방지역에서, 这里 zhèli, 那里 nàli, 哪里 nǎli는 남방지역에서 주로 사용합니다.

이렇게 쓰여요!

A 这儿是王老师家吗?
　Zhèr shì Wáng lǎoshī jiā ma?

B 不是, 那儿就是王老师家。
　Búshì,　　Nàr jiù shì Wáng lǎoshī jiā.

A 地铁站在哪儿?
　Dìtiězhàn zài nǎr?

B 那儿就是地铁站。
　Nàr jiù shì dìtiězhàn.

> A 여기가 왕 선생님 댁입니까?　　　　A 지하철역은 어디에 있어요?
> B 아니요, 저기가 바로 왕 선생님 댁이에요. B 저기가 바로 지하철역이에요.

·家 jiā 집 ·地铁站 dìtiězhàn 지하철 역 ·哪儿 nǎr 어디 ·在 zài ~에 있다

도전해 보세요!

저기가 바로 서점입니다.

저 곳이 바로 프런트입니다.

여기가 바로 매표소입니다.

저기가 바로 고궁입니다.

저기가 바로 기차역입니다.

书店 shūdiàn 서점
服务台 fúwùtái 프런트
售票处 shòupiàochù 매표소
故宫 Gùgōng 고궁
火车站 huǒchēzhàn 기차역

~是~ ~입니다

是는 '~ 이다'라는 뜻의 동사로 주어를 설명, 판단합니다.

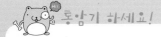 통암기 하세요!

我是韩国人。
Wǒ shì Hánguórén.

나는 한국인입니다.

她是我姐姐。
Tā shì wǒ jiějie.

그녀는 우리 누나입니다.

她是我的女朋友。
Tā shì wǒ de nǚpéngyou.

그녀는 나의 여자 친구입니다.

我们都是学生。
Wǒmen dōu shì xuésheng.

우리는 모두 학생입니다.

他们也是中国人。
Tāmen yě shì Zhōngguórén.

그들도 중국인입니다.

▶ 都(모두, 예외 없이)와 也(~도, 또한)는 주어 뒤, 술어동사 앞에 쓰입니다. 也
와 都가 함께 쓰일 경우, 也는 都 앞에 위치합니다.

我们也是学生。 Wǒmen yě shì xuésheng. 우리도 학생입니다.
我们都是学生。 Wǒmen dōu shì xuésheng. 우리는 모두 학생입니다.
我们也都是学生。 Wǒmen yě dōu shì xuésheng. 우리도 모두 학생입니다.

이렇게 쓰여요!

A 她是谁?
Tā shì shéi?

B 她是我妹妹。
Tā shì wǒ mèimei.

A 你们是哪国人?
Nǐmen shì nǎ guó rén?

B 我们都是韩国人。
Wǒmen dōu shì Hánguórén.

 Tip

나라이름
美国 Měiguó 미국
英国 Yīngguó 영국
法国 Fǎguó 프랑스
德国 Déguó 독일
香港 Xiānggǎng 홍콩
台湾 Táiwān 대만

| A 그녀는 누구야? | A 너희들은 어느 나라 사람이니? |
| B 그녀는 내 여동생이야. | B 우리들은 모두 한국 사람이에요. |

· 哪国人 nǎ guó rén 어느 나라 사람

 도전해 보세요!

그들은 유학생입니다.

우리는 모두 일본사람입니다.

그녀도 의사입니다.

제 남동생은 대학생입니다.

그는 회사원입니다.

留学生 liúxuéshēng 유학생
日本人 Rìběnrén 일본인
医生 yīshēng 의사
大学生 dàxuéshēng 대학생
公司职员 gōngsī zhíyuán
회사원

23

我有~ ~가 있습니다

有는 '~을 가지고 있다, ~이 있다'라는 뜻의 소유를 나타내는 동사로 목적어는 有 뒤에 놓입니다.

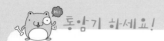 통암기 하세요!

我有中国朋友。
Wǒ yǒu Zhōngguó péngyou.

중국인 친구가 있습니다.

我有女朋友。
Wǒ yǒu nǚpéngyou.

여자친구가 있습니다.

我有一个弟弟。
Wǒ yǒu yí ge dìdi.

남동생이 한 명 있습니다.

我有两个孩子。
Wǒ yǒu liǎng ge háizi.

아이가 두 명 있습니다.

我有时间。
Wǒ yǒu shíjiān.

시간이 있습니다.

▶ 수사가 명사를 수식할 때에는 반드시 단위를 나타내는 양사를 사용합니다. 특정한 양사가 없을 경우 일반적으로 '个ge (명, 개)'를 사용합니다.

一本书 yì běn shū 책 한 권 (本 běn : 책을 세는 양사)

一件衣服 yí jiàn yīfu 옷 한 벌 (件 jiàn : 옷, 사건을 세는 양사)

지시대명사가 명사를 수식할 때는 양사를 생략할 수 있습니다.
这衣服 zhè yīfu 이 옷

A 你有几个弟弟？
　Nǐ yǒu jǐ ge dìdi?

B 我有两个弟弟。
　Wǒ yǒu liǎng ge dìdi.

A 明天你有时间吗？
　Míngtiān nǐ yǒu shíjiān ma?

B 我有时间。
　Wǒ yǒu shíjiān.

A 남동생이 몇 명이야?　　A 내일 시간 있어?
B 두 명 있어.　　　　　　B 시간 있어.

·几 jǐ 몇　·明天 míngtiān 내일

'수사 + 양사 + 명사'의 구조일 때 '2'는 '两'을 사용합니다.

도전해 보세요!

나는 딸이 하나 있습니다.

나는 자신이 있습니다.

나는 잔돈이 있습니다.

나는 디지털카메라가 있습니다.

나는 아들이 둘 있습니다.

信心 xìnxīn 자신감
零钱 língqián 잔돈
数码照相机 shùmǎ
zhàoxiàngjī 디지털 카메라
两 liǎng 둘, 2
儿子 érzi 아들

25

这儿(那儿)有~ 여기(저기)에 ~가 있습니다

동사 有를 써서 어떤 사물의 위치나 장소를 나타낼 수 있습니다.

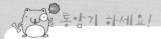 통암기 하세요!

这儿(那儿)有汉语书。 여기(저기)에 중국어 책이 있습니다.
Zhèr(Nàr) yǒu Hànyǔshū.

这儿(那儿)有书店。 여기(저기)에 서점이 있습니다.
Zhèr(Nàr) yǒu shūdiàn.

这儿(那儿)有百货大楼。 여기(저기)에 백화점이 있습니다.
Zhèr(Nàr) yǒu bǎihuòdàlóu.

这儿(那儿)有空调。 여기(저기)에 에어컨이 있습니다.
Zhèr(Nàr) yǒu kōngtiáo.

这儿(那儿)有洗手间。 여기(저기)에 화장실이 있습니다.
Zhèr(Nàr) yǒu xǐshǒujiān.

▶ 동사有 외에도, 장소를 묻는 경우 '在(zài ~에 있다)'를 사용할 수 있습니다.
하지만 有를 사용한 문장과는 어순의 차이가 있습니다.

● 장소 + 有 + 사람/사물
  那儿有地铁站。 저기에 지하철역이 있어요.
  Nàr yǒu dìtiězhàn.

● 사람/사물 + 在 + 장소
  地铁站在那儿。 지하철역은 저기에 있어요.
  Dìtiězhàn zài nàr.

이렇게 쓰여요!

A 这附近有洗手间吗？
Zhè fùjìn yǒu xǐshǒujiān ma?

B 那儿有洗手间。
Nàr yǒu xǐshǒujiān.

A 这附近有地铁站吗？
Zhè fùjìn yǒu dìtiězhàn ma?

B 那儿有地铁站。
Nàr yǒu dìtiězhàn.

Tip
여기, 저기를 가리키는 这儿／那儿, 这里／那里 외에 이쪽, 저쪽을 가리키는 这边 zhèbiān／那边 nàbiān을 사용해도 됩니다

> A 이 근처에 화장실이 있나요?
> B 저쪽에 화장실이 있어요.
>
> A 이 근처에 지하철역이 있나요?
> B 저쪽에 지하철역이 있어요.

·附近 fùjìn 근처, 부근 ·地铁站 dìtiězhàn 지하철 역

 도전해 보세요!

여기에 엘리베이터가 있습니다.

저기에 기차역이 있습니다.

저기에 지하철역이 있습니다.

여기에 공중전화가 있습니다.

저기에 택시 승차장이 있습니다.

电梯 diàntī 엘리베이터
火车站 huǒchēzhàn
기차역
公用电话 gōngyòng
diànhuà 공중전화
出租汽车站
chūzūqìchēzhàn 택시 승차장

27

~不是~ ~이 아닙니다

是가 술어동사로 쓰인 문장의 부정형식은 不是이며, 뒤에 목적어를 갖습니다.

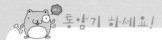 동 암기 하세요!

这不是我的钥匙。
Zhè bú shì wǒ de yàoshi.

이것은 제 열쇠가 아닙니다.

那不是我妹妹的自行车。
Nà bú shì wǒ mèimei de zìxíngchē.

저것은 제 여동생의 자전거가 아닙니다.

我们都不是韩国人。
Wǒmen dōu bú shì Hánguórén.

우리는 모두 한국인이 아닙니다.

他不是我弟弟。
Tā bú shì wǒ dìdi.

그는 제 동생이 아닙니다.

那儿不是张老师家。
Nàr bú shì Zhāng lǎoshī jiā.

저기는 장 선생님 댁이 아닙니다.

▶ 都와 不
都는 어떤 범위 안에 속하는 모든 것을 지칭합니다. 都가 있는 문장을 부정
할 때는 不의 위치에 주의해야 합니다.

● 都 + 不 + 동사 + 목적어 (전체부정)
我们都不是韩国人。Wǒmen dōu bú shì Hánguórén. 우리는 모두 한국인이 아닙니다.

● 不 + 都 + 동사 + 목적어 (부분부정)
我们不都是韩国人。Wǒmen bù dōu shì Hánguórén. 우리는 모두가 한국인은 아닙니다.

A 他是中国人吗?
Tā shì Zhōngguórén ma?

B 他不是中国人,是日本人。
Tā bú shì Zhōngguórén, shì Rìběnrén.

A 这是你的车吗?
Zhè shì nǐ de chē ma?

B 这不是我的车,那是我的车。
Zhè bú shì wǒ de chē, nà shì wǒ de chē.

> A 그는 중국인이에요?　　　　A 이거 네 차야?
> B 중국인이 아니고 일본인이에요.　B 이건 내 차가 아니고, 저게 내 차야.

도전해 보세요!

이것은 제 잘못이 아닙니다.

이것은 제 여권이 아닙니다.

그들은 중국인이 아닙니다.

저는 컴맹이 아닙니다.

여기는 베이징 호텔이 아닙니다.

错 cuò 잘못
护照 hùzhào 여권
电脑盲 diànnǎománg 컴맹
北京饭店 Běijīng fàndiàn
베이징 호텔

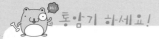

~没有~ ~이 없습니다

소유와 존재를 나타내는 有자문의 부정형태는 没有입니다.

 통암기 하세요!

我没有姐姐。
Wǒ méiyǒu jiějie.

저는 언니가 없습니다.

我没有电脑。
Wǒ méiyǒu diànnǎo.

저는 컴퓨터가 없습니다.

我没有空儿。
Wǒ méiyǒu kòngr.

나는 시간이 없습니다.

今天没有课。
Jīntiān méiyǒu kè.

오늘은 수업이 없습니다.

这儿没有眼镜店。
Zhèr méiyǒu yǎnjìngdiàn.

여기에는 안경점이 없습니다.

▶ 有의 부정형은 不有가 아니라 没有입니다.

我没有妹妹。 나는 여동생이 없습니다.
Wǒ méiyǒu mèimei.

30

A 你有妹妹吗?
Nǐ yǒu mèimei ma?

B 我没有妹妹，有弟弟。
Wǒ méiyǒu mèimei, yǒu dìdi.

A 这附近有药店吗?
Zhè fùjìn yǒu yàodiàn ma?

B 这儿没有药店。
Zhèr méiyǒu yàodiàn.

A 여동생 있니?   A 이 근처에 약국 있나요?
B 여동생은 없고 남동생이 있어.   B 여기에는 약국이 없어요.

· 药店 yàodiàn 약국

 도전해 보세요!

저는 남자 친구가 없습니다.

그는 단점이 없습니다.

여기에는 중국 소설책이 없습니다.

오늘은 표가 없습니다.

내일은 시간이 없습니다.

男朋友 nánpéngyou
남자 친구

缺点 quēdiǎn 단점

小说 xiǎoshuō 소설책

票 piào 표

동사술어문

술어가 동사인 문장을 동사술어문이라고 합니다.

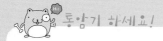 통**암기 하세요!**

我去学校。
Wǒ qù xuéxiào.

나는 학교에 갑니다.

我吃水果。
Wǒ chī shuǐguǒ.

나는 과일을 먹습니다.

我打电话。
Wǒ dǎ diànhuà.

나는 전화를 겁니다.

我听音乐。
Wǒ tīng yīnyuè.

나는 음악을 듣습니다.

我去看电影。
Wǒ qù kàn diànyǐng.

나는 영화를 보러 갑니다.

▶ 동사술어문

● 주어 + 동사 + 목적어

我学习汉语。 Wǒ xuéxí Hànyǔ. 나는 중국어를 공부합니다.

부정은 술어동사 앞에 不를 붙입니다.

我不看电视。 Wǒ bú kàn diànshì. 나는 텔레비전을 보지 않습니다.
我不去北京。 Wǒ bú qù Běijīng. 나는 북경에 가지 않습니다.

이렇게 쓰여요!

A 每天 早上你做什么?
　　Měitiān zǎoshang nǐ zuò shénme?

B 我打网球。
　　Wǒ dǎ wǎngqiú.

A 你常去书吧吗?
　　Nǐ cháng qù shūbā ma?

B 我常去。
　　Wǒ cháng qù.

> A 매일 아침에 너는 뭐하니?　　　A 북카페에 자주 가니?
> B 테니스를 쳐.　　　　　　　　　B 자주 가.

·每天 měitiān 매일　·早上 zǎoshang 아침
·打网球 dǎ wǎngqiú 테니스를 치다　·常 cháng 자주　·书吧 shūbā 북카페

 도전해 보세요!

나는 이를 닦습니다.

나는 목욕을 합니다.

나는 중국어를 공부합니다.

나는 요리를 합니다.

나는 농구를 합니다.

刷牙 shuā yá 이를 닦다
洗澡 xǐzǎo 목욕하다
做 zuò 하다 / 菜 cài 음식, 요리
打篮球 dǎ lánqiú 농구를 하다

형용사술어문

형용사가 술어로 쓰인 문장을 말합니다.

 통암기 하세요!

我很饿。
Wǒ hěn è.

나는 배가 고픕니다.

我很累。
Wǒ hěn lèi.

나는 피곤합니다.

我很高兴。
Wǒ hěn gāoxìng.

나는 기쁩니다.

这个很脏。
Zhè ge hěn zāng.

이것은 지저분합니다.

这个词很难。
Zhè ge cí hěn nán.

이 단어는 어렵습니다.

▶ 형용사술어문
형식적으로 很을 술어 앞에 쓰며, 이때 很은 가볍게 발음합니다. 강하게 읽으면 很은 '매우'의 의미를 가집니다. 부정문과 의문문에는 很을 쓰지 않습니다.

我很累。 Wǒ hěn lèi. 나는 피곤하다.
我不累。 Wǒ bú lèi. 나는 피곤하지 않다.
你累吗? Nǐ lèi ma? 당신은 피곤합니까?

문장이 비교의 의미를 가질 경우에는 일반적으로 很을 쓰지 않습니다.
男孩儿多, 女孩儿少。 남자 아이는 많고, 여자 아이는 적다.
Nánháir duō, nǚháir shǎo.

이렇게 쓰여요!

A 这件衣服怎么样？
Zhè jiàn yīfu zěnmeyàng?

B 这件衣服很漂亮。
Zhè jiàn yīfu hěn piàoliang.

A 这个汉字难吗？
Zhè ge Hànzì nán ma?

B 这个汉字很难。
Zhè ge Hànzì hěn nán.

A 이 옷 어때?　　　　A 이 한자 어려워?
B 아주 예뻐.　　　　B 너무 어려워.

・怎么样 zěnmeyàng 어떠하다　・漂亮 piàoliang 예쁘다　・汉字 Hànzì 한자

도전해 보세요!

우리 아빠는 바쁩니다.

이 옷은 쌉니다.

중국 음식은 맛있습니다.

이 에어컨은 좋습니다

이 영화는 재미있습니다.

忙 máng 바쁘다
便宜 piányi 싸다
好吃 hǎochī 맛있다
空调 kōngtiáo 에어컨
有意思 yǒu yìsi 재미있다

35

在 ~에서

동작이 이루어지는 장소를 나타낼 때는 전치사 在를 사용합니다.

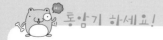 통암기 하세요!

我在家看电视。
Wǒ zài jiā kàn diànshì.

집에서 텔레비전을 봅니다.

我在健身房运动。
Wǒ zài jiànshēnfáng yùndòng.

헬스장에서 운동합니다.

他们在操场踢足球。
Tāmen zài cāochǎng tī zúqiú.

그들은 운동장에서 축구를 합니다.

他在家做作业。
Tā zài jiā zuò zuòyè.

그는 집에서 숙제를 합니다.

你在这儿等我。
Nǐ zài zhèr děng wǒ.

여기서 기다려.

▶ 在는 동작이 이루어지는 시간, 장소, 범위 등을 나타냅니다.

▶ 在가 있는 전치사구는 술어동사 앞에 위치합니다.

● 주어 + 전치사구 + 동사 + 목적어
   我在家看电视。 나는 집에서 텔레비전을 봅니다.
   Wǒ zài jiā kàn diànshì.

A 你在哪儿工作？
　Nǐ zài nǎr gōngzuò?

B 我在银行工作。
　Wǒ zài yínháng gōngzuò.

A 每天晚上你做什么？
　Měitiān wǎnshang nǐ zuò shénme?

B 我在家休息。
　Wǒ zài jiā xiūxi.

> A 어디서 일해요?　　　A 매일 저녁에 뭐해요?
> B 은행에서 일해요.　　B 집에서 쉬어요.

·工作 gōngzuò 일, 일하다 · 银行 yínháng 은행 · 做 zuò 하다, 만들다
·休息 xiūxi 쉬다

도전해 보세요!

저는 도서관에서 공부합니다.

그들은 저기서 테니스를 칩니다.

나는 집에서 잠을 잡니다.

나는 공원에서 조깅합니다.

나는 병원에서 일합니다.

图书馆 túshūguǎn 도서관
打网球 dǎ wǎngqiú 테니스치다
睡觉 shuìjiào 잠자다
公园 gōngyuán 공원
跑步 pǎobù 조깅하다
医院 yīyuàn 병원
工作 gōngzuò 일하다

중국어 회화를 위한

질문 패턴

～是 ～吗? ～입니까?

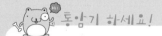

평서문 끝에 의문조사 吗를 붙이면 의문문이 됩니다.

통암기 하세요!

这是你的书吗?
Zhè shì nǐ de shū ma?

이것은 당신의 책입니까?

她是你姐姐吗?
Tā shì nǐ jiějie ma?

그녀는 당신의 누나(언니)입니까?

您是这公司的职员吗?
Nín shì zhè gōngsī de zhíyuán ma?

당신은 이 회사 직원입니까?

那儿是图书馆吗?
Nàr shì túshūguǎn ma?

저기가 도서관입니까?

这本词典是你的吗?
Zhè běn cídiǎn shì nǐ de ma?

이 사전은 당신의 것입니까?

▶ 吗를 사용한 의문문
吗는 의문 어기조사로 평서문 끝에 쓰여 의문문을 만듭니다.
你是学生吗? Nǐ shì xuésheng ma? 당신은 학생입니까?

▶ 구조조사 的의 용법
구조조사 的는 명사, 인칭대명사, 형용사 등의 뒤에 쓰여 的자 구조를 만듭니다. 이때 的자 구조는 명사화되어 '～의 것', '～한 것'으로 해석됩니다.

这是我的。 Zhè shì wǒ de. 이것은 제 것입니다.
这本书是老师的。 Zhè běn shū shì lǎoshī de. 이 책은 선생님의 것입니다.
她的书是新的。 Tā de shū shì xīn de. 그녀의 책은 새 것입니다.

이렇게 쓰여요!

A 这儿是小明家吗?
　Zhèr shì Xiǎomíng jiā ma?

B 不是, 是小丽家。
　Bú shì,　shì Xiǎolì jiā.

A 这双鞋是你的吗?
　Zhè shuāng xié shì nǐ de ma?

B 这双鞋不是我的, 是他的。
　Zhè shuāng xié bú shì wǒ de, shì tā de.

A 여기가 샤오밍 집인가요?　　A 이 신발은 네 것이니?
B 아니요, 샤오리 집이에요.　　B 이 신발은 내 것이 아니고 그의 것이야.

· 小明 Xiǎomíng 샤오밍 · 双 shuāng 쌍을 이루는 물건을 세는 양사 · 鞋 xié 신발

 Tip
双은 쌍이나 짝을 이루는
물건을 세는 양사입니다.

一双眼睛　두 눈
yì shuāng yǎnjing

一双鞋 신발 한 켤레
yì shuāng xié

一双袜子 양말 한 켤레
yì shuāng wàzi

 도전해 보세요!

이것은 당신의 휴대폰입니까?

저것은 당신 언니의 것입니까?

그는 당신의 아들입니까?

저 건물은 백화점입니까?

이 청바지는 당신 것입니까?

手机 shǒujī 휴대폰
百货大楼 bǎihuò dàlóu 백화점
条 tiáo (가늘고 긴 것을 세는 양사)장
牛仔裤 niúzǎikù 청바지
楼 lóu 건물

~有 ~吗? ~가 있습니까?

有자문도 문미에 '吗'를 붙이면 의문문이 됩니다.

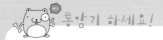 통암기 하세요!

你有哥哥、姐姐吗?
Nǐ yǒu gēge、jiějie ma?

오빠나 언니가 있습니까?

你有时间吗?
Nǐ yǒu shíjiān ma?

시간 있습니까?

你有MP3吗?
Nǐ yǒu MP sān ma?

MP3가 있습니까?

这附近有地铁站吗?
Zhè fùjìn yǒu dìtiězhàn ma?

이 근처에 지하철역이 있습니까?

床上有书包吗?
Chuángshang yǒu shūbāo ma?

침대 위에 책가방이 있습니까?

▶ 장소 표현법
北京은 지명으로 장소를 나타내는 명사이지만 床(침대), 冰箱(냉장고)은 장소를 나타내지 못합니다. 이런 명사들이 장소를 나타내려면 명사 뒤에 里(안), 上(위), 下(아래), 左边(왼쪽), 右边(오른쪽) 등의 방위사를 붙여야 합니다.

● 명사 + 방위사
床 + 上 침대 위
冰箱 + 里 냉장고 안

A 明天你有时间吗?
Míngtiān nǐ yǒu shíjiān ma?

B 明天有考试。没有时间。
Míngtiān yǒu kǎoshì. Méiyǒu shíjiān.

A 这附近有银行吗?
Zhè fùjìn yǒu yínháng ma?

B 那边有。
Nàbiān yǒu.

A 내일 시간 있어?　　　A 이 근처에 은행 있나요?
B 내일 시험이라 시간이 없어.　　B 저쪽에 있어요.

도전해 보세요!

신분증 가지고 있습니까?

필름 있습니까?

냉장고에 콜라 있습니까?

다른 색이 있습니까?

이 근처에 화장실이 있습니까?

身份证 shēnfènzhèng 신분증
胶卷儿 jiāojuǎnr 필름
冰箱 bīngxiāng 냉장고
可乐 kělè 콜라
颜色 yánsè 색깔
附近 fùjìn 부근
洗手间 xǐshǒujiān 화장실

43

~吗? ~합니까?

중국어는 문장 끝에 의문조사 吗를 써서 가장 일반적인 의문문을 만듭니다.

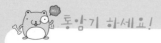 통암기 하세요!

你回家吗?
Nǐ huí jiā ma?

집에 갑니까?

他们打乒乓球吗?
Tāmen dǎ pīngpāngqiú ma?

그들은 탁구를 칩니까?

你们去看电影吗?
Nǐmen qù kàn diànyǐng ma?

너희들 영화 보러가니?

你抽烟吗?
Nǐ chōu yān ma?

담배 피웁니까?

你累吗?
Nǐ lèi ma?

피곤하십니까?

▶ 의문문에는 의문조사 吗를 이용한 의문문, 술어의 긍정형과 부정형을 병렬한 정반 의문문, 의문대명사 '什么 shénme (무엇), 谁 shéi (누구)' 등을 이용한 의문문, '还是 háishi (아니면)'를 이용한 선택 의문문 등이 있습니다.

이렇게 쓰여요!

A 你回家吗?
Nǐ huí jiā ma?

B 不, 我去健身房。
Bù,   wǒ qù jiànshēnfáng.

A 你工作顺利吗?
Nǐ gōngzuò shùnlì ma?

B 马马虎虎。
Mǎmahūhū.

Tip

중국어로 '그저 그래요', '그런대로 괜찮아요'는 马马虎虎 mǎmahūhū, 还可以 hái kěyǐ, 还好 hái hǎo 등을 씁니다.

A 집에 가니?
B 아니. 헬스장에 가.

A 일은 잘 되세요?
B 그럭저럭요.

· 顺利 shùnlì 순조롭다 · 马马虎虎 mǎmahūhū 그저 그렇다

도전해 보세요!

그는 잘 생겼습니까?

당신은 일이 바쁩니까?

이 사과는 맛있습니까?

이 텔레비전은 비쌉니까?

이 버스는 천안문에 갑니까?

帅 shuài 잘생기다, 멋지다
工作 gōngzuò 일, 일하다
苹果 píngguǒ 사과
贵 guì 비싸다
路 lù (교통 기관의 노선을 세는 양사) 번
车 chē 차
天安门 Tiān'ānmén 천안문

45

～不～　～입니까, 아닙니까?

술어의 긍정형과 부정형을 나열하면 정반의문문이 됩니다.

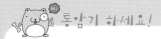

他是不是你弟弟?
Tā shì bu shì nǐ dìdi?

그는 당신의 남동생입니까?

你看不看京剧?
Nǐ kàn bu kàn jīngjù?

경극을 봅니까?

我像不像我妈妈?
Wǒ xiàng bu xiàng wǒ māma?

제가 우리 엄마를 닮았습니까?

你去不去百货商店?
Nǐ qù bu qù bǎihuòshāngdiàn?

백화점에 갑니까?

你认不认识他?
Nǐ rèn bu rènshi tā?

그를 아십니까?

▶ 정반의문문
술어의 긍정형과 부정형을 나란히 배열하면 정반의문문이 됩니다. 이때에는 문미에 吗를 쓰지 않습니다.

他是不是学生? 그는 학생입니까?
Tā shì bu shì xuésheng?

이렇게 쓰여요!

A 这个草莓好不好吃?
　Zhè ge cǎoméi hǎo bu hǎochī?

B 很好吃。
　Hěn hǎochī.

A 北京的冬天冷不冷?
　Běijīng de dōngtiān lěng bu lěng?

B 很冷。韩国呢?
　Hěn lěng. Hánguó ne?

A 韩国也很冷。
　Hánguó yě hěn lěng.

呢 의문문

呢는 상대방이 질문한 것과 같은 내용을 다시 상대방에게 물어 볼 때 사용합니다.

A 最近你忙吗?
　Zuìjìn nǐ máng ma?
　요즘 너는 바쁘니?

B 我很忙。你呢?
　Wǒ hěn máng. Nǐ ne?
　아주 바빠. 너는?

A 이 딸기는 맛있어요?
B 아주 맛있어요.

A 베이징의 겨울은 추운가요?
B 아주 추워요. 한국은요?
A 한국도 아주 추워요.

·草莓 cǎoméi 딸기 ·冬天 dōngtiān 겨울 ·冷 lěng 춥다

도전해 보세요!

이 귤은 답니까?

그는 중국인입니까?

맥주를 마십니까?

당신들은 스키 타러 갑니까?

그는 키가 큽니까?

橘子 júzi 귤
甜 tián 달다
喝 hē 마시다
啤酒 píjiǔ 맥주
滑雪 huá xuě 스키를 타다
个子 gèzi 키
高 gāo (키가)크다

47

~有没有~ ~가 있습니까, 없습니까?

술어동사가 有인 문장의 정반의문문 형태는 '有没有' 입니다.

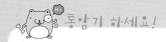 통암기 하세요!

你有没有女儿?
Nǐ yǒu méiyǒu nǚ'ér?

딸이 있습니까?

你有没有护照?
Nǐ yǒu méiyǒu hùzhào?

여권 있습니까?

这儿有没有青岛啤酒?
Zhèr yǒu méiyǒu Qīngdǎo píjiǔ?

여기 칭다오 맥주 있습니까?

附近有没有火车站?
Fùjìn yǒu méiyǒu huǒchēzhàn?

근처에 기차역이 있습니까?

有没有房间?
Yǒu méiyǒu fángjiān?

방이 있습니까?

▶ 有, 是, 在가 술어 동사로 사용될 때 존재를 표현할 수 있습니다. 이 때 장소와 사람(사물)이 놓이는 위치에 차이가 있습니다.

● 장소 + 有(是) + 사람/사물
床上有书。 Chuángshang yǒu shū. 침대 위에 책이 있습니다.
附近有很多书店。 Fùjìn yǒu hěn duō shūdiàn. 근처에는 많은 서점이 있습니다.
桌子上是什么? Zhuōzishang shì shénme? 탁자 위에 있는 것은 무엇입니까?

● 사람/사물 + 在 + 장소
他在图书馆。 Tā zài túshūguǎn. 그는 도서관에 있습니다.
我的书在床上。 Wǒ de shū zài chuángshang. 내 책은 침대 위에 있습니다.

A 有没有别的颜色？
　Yǒu méiyǒu biéde yánsè?

B 对不起，只有这种颜色。
　Duìbuqǐ,　　zhǐyǒu zhè zhǒng yánsè.

A 有没有可乐？
　Yǒu méiyǒu kělè?

B 有。要几瓶？
　Yǒu.　Yào jǐ píng?

A 两瓶。
　Liǎng píng.

A 다른 색이 있나요?　　　A 콜라 있어요?
B 죄송합니다. 이 색상 밖에 없어요. B 있어요. 몇 병 드릴까요?
　　　　　　　　　　　　　A 두 병 주세요.

· 要 yào 필요하다, 원하다

도전해 보세요!

다른 것 있습니까?

감기약 있습니까?

잔돈 있습니까?

근처에 병원이 있습니까?

근처에 현금 자동인출기 있습니까?

感冒药 gǎnmàoyào 감기약
零钱 língqián 잔돈
医院 yīyuàn 병원
自动取款机 zìdòngqǔkuǎnjī
현금자동인출기

49

~好吗? 잘 지냅니까?

'주어 + 好吗?'는 안부를 묻는 표현으로, 여기서 好는 '몸이 건강하다, 안녕하다'의 의미입니다.

 통암기 하세요!

你好吗?
Nǐ hǎo ma?

잘 지내십니까?

你爸爸好吗?
Nǐ bàba hǎo ma?

아버지는 안녕하십니까?

一路上好吗?
Yílùshang hǎo ma?

오시는 길은 편안하셨습니까?

您父母都好吗?
Nín fùmǔ dōu hǎo ma?

부모님은 모두 잘 지내십니까?

你身体好吗?
Nǐ shēntǐ hǎo ma?

건강하십니까?

▶ 你好!와 你好吗?의 차이

'你好!'는 초면인 경우, 때, 장소, 남녀노소를 불문하고 두루 사용합니다. 대답도 역시 '你好!'로 합니다.

'你好吗?'는 '어떻게 지내셨습니까?' 라는 뜻의 인사말로 평소 안면이 있는 사람에게 안부를 묻는 말로 사용됩니다. 很好, 还可以 hái kěyǐ 등으로 대답합니다.

A 你爱人好吗?
Nǐ àiren hǎo ma?

B 他很好。
Tā hěn hǎo.

A 你父母都好吗?
Nǐ fùmǔ dōu hǎo ma?

B 他们都很好。
Tāmen dōu hěn hǎo.

A 너의 남편은 잘 지내니?　　A 부모님은 모두 안녕하시니?
B 잘 지내.　　　　　　　　　B 모두 잘 지내셔.

도전해 보세요!

다들 잘 지내십니까?

당신 아버지, 어머니는 잘 지내십니까?

당신은 건강하십니까?

당신 할아버지는 건강하십니까?

身体 shēntǐ 몸, 신체

당신 남동생은 잘 지냅니까?

什么 무엇/무슨

대상을 가리키는 의문대명사로 단독으로 쓰이기도 하고, 명사 앞에서 명사를 수식하기도 합니다.

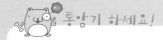
통암기 하세요!

这是什么?
Zhè shì shénme?

이것은 무엇입니까?

你教什么?
Nǐ jiāo shénme?

무엇을 가르치십니까?

你叫什么名字?
Nǐ jiào shénme míngzi?

이름이 무엇입니까?

你属什么?
Nǐ shǔ shénme?

띠가 무엇입니까?
　● 属 shǔ (십이지의) 띠

你买什么?
Nǐ mǎi shénme?

무엇을 사십니까?

▶ 의문 대명사를 사용한 의문문
묻고 싶은 부분을 그것에 해당하는 의문대명사로 바꾸어 말하면 됩니다.

你明天去市场买**什么**? 너는 내일 시장에 가서 뭘 사니?
Nǐ míngtiān qù shìchǎng mǎi shénme?

你**什么时候**去市场买水果? 너는 언제 시장에 과일을 사러 가니?
Nǐ shénme shíhou qù shìchǎng mǎi shuǐguǒ?

谁明天去市场买水果? 누가 내일 시장에 과일을 사러 가니?
Shéi míngtiān qù shìchǎng mǎi shuǐguǒ?

你明天去**哪儿**买水果? 너는 내일 어디로 과일을 사러 가니?
Nǐ míngtiān qù nǎr mǎi shuǐguǒ?

이렇게 쓰여요!

A 你叫什么名字?
Nǐ jiào shénme míngzi?

B 我叫张小丽。
Wǒ jiào Zhāng Xiǎolì.

A 你看什么书?
Nǐ kàn shénme shū?

B 我看中国小说。
Wǒ kàn Zhōngguó xiǎoshuō.

 Tip

이름을 묻는 방법

你叫什么名字?
당신의 이름은 무엇입니까?
대답은 '我叫○○○'라고
합니다.

您贵姓?
당신의 성은 무엇입니까?
상대방의 성씨를 물을 때
쓰는 표현으로 '我姓○'
또는 '我姓○, 叫○○'라고
대답합니다.
제삼자의 성씨를 물을 때
는 '他贵姓?'이라고 하지
않고 '他姓什么?'라고
묻습니다.

A 이름이 뭐예요?

B 장샤오리예요.

A 무슨 책을 보니?

B 중국 소설을 봐.

· 叫 jiào (이름을) ~라고 하다[부르다] · 名字 míngzi 이름

 도전해 보세요!

무슨 일을 하십니까?

별자리가 무엇입니까?

혈액형이 무엇입니까?

무엇을 드십니까?

무슨 일이 있습니까?

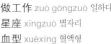
做工作 zuò gōngzuò 일하다
星座 xīngzuò 별자리
血型 xuèxíng 혈액형
事 shì 일

什么时候 언제

때를 묻는 의문대명사로 일반적으로 동사 앞쪽에 놓입니다.

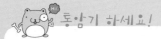 통암기 하세요!

你什么时候去北京?
Nǐ shénme shíhou qù Běijīng?

베이징에 언제 갑니까?

你什么时候上大学?
Nǐ shénme shíhou shàng dàxué?

언제 대학에 입학합니까?

你什么时候出差?
Nǐ shénme shíhou chūchāi?

언제 출장 갑니까?

你什么时候上班?
Nǐ shénme shíhou shàng bān?

언제 출근합니까?

你什么时候去中国旅行?
Nǐ shénme shíhou qù Zhōngguó lǚxíng?

언제 중국 여행 갑니까?

▶ 旅行(여행하다)과 毕业(졸업하다)는 한국어와는 달리 목적어를 가질 수 없습니다. 따라서 '~를 여행하다, ~를 졸업하다'라고 표현할 때는 다음과 같이 합니다.

我去中国旅游。 Wǒ qù Zhōngguó lǚyóu. 중국으로 여행갑니다.
我去旅游中国。 (×)
大学毕业了。 Dàxué bìyè le. 대학을 졸업했어요. 毕业大学了。 (×)
我毕业于北京大学。Wǒ bìyè yú Běijīng dàxué. 베이징대학을 졸업했어요.

A 你们什么时候去逛商店？
Nǐmen shénme shíhou qù guàng shāngdiàn?

B 今天下午。
Jīntiān xiàwǔ.

A 听说，你们去中国旅行。什么时候去啊？
Tīngshuō, nǐmen qù Zhōngguó lǚxíng. Shénme shíhou qù a?

B 明天去。
Míngtiān qù

> A 쇼핑하러 언제 가요? A 중국으로 여행 간다고 들었는데 언제 가요?
> B 오늘 오후에.   B 내일 가.

·逛商店 guàng shāngdiàn 아이 쇼핑하다 ·下午 xiàwǔ 오후
·听说 tīngshuō 듣건대

당신은 언제 수업이 끝납니까?

당신은 언제 퇴근합니까?

당신은 언제 졸업합니까?

이 서점은 언제 문을 닫습니까?

우리는 언제 출발합니까?

下课 xià kè 수업이 끝나다
下班 xià bān 퇴근하다
毕业 bìyè 졸업하다
书店 shūdiàn 서점
关 guān 닫다
门 mén 문
咱们 zánmen 우리
出发 chūfā 출발하다

哪儿 어디

 통암기 하세요!

你在哪儿工作?
Nǐ zài nǎr gōngzuò?

어디에서 일하세요?

你家在哪儿?
Nǐ jiā zài nǎr?

집이 어디예요?

在哪儿上车?
Zài nǎr shàng chē?

어디서 차를 타죠?

去百货大楼在哪儿换车?
Qù bǎihuòdàlóu zài nǎr huàn chē?

백화점에 가려면 어디서 갈아타죠?

123路车站在哪儿?
Yāo'èrsān lù chēzhàn zài nǎr?

123번 정류장은 어디예요?

▶ 哪儿과 哪里 nǎli는 그 의미와 용법이 같습니다.

▶ 哪儿는 장소를 묻는 표현입니다. 여기에 啊라는 어기조사가 붙으면 상대방의 칭찬에 대한 겸손의 표현으로 사용됩니다.
  A 你真漂亮啊! Nǐ zhēn piàoliang a! 정말 예쁘네요!
  B 哪儿啊。Nǎr a. 아니에요.

▶ 在
  在는 '～에'라는 뜻의 전치사와 '～에 있다'는 뜻의 동사로 쓰입니다. 전치사로 쓰이면 동사 앞에 놓여 행위나 동작이 이루어지는 시간, 장소, 범위 등을 나타냅니다.
  他在家。 Tā zài jiā. 그는 집에 있다. (동사 在)
  他在家学习。 Tā zài jiā xuéxí. 그는 집에서 공부한다. (전치사 在)

A 我们在哪儿下车?
Wǒmen zài nǎr xià chē?

B 在下一站下车。
Zài xià yí zhàn xià chē.

A 请问, 火车站在哪儿?
Qǐngwèn, huǒchēzhàn zài nǎr?

B 就在那儿。
Jiù zài nàr.

请问 qǐngwèn '잠깐 여쭙겠습니다. 말 좀 물어봅시다'라는 뜻으로 문두에 쓰입니다.

A 어디서 내려요?
B 다음 역에서 내려요.

A 말씀 좀 물을게요. 기차역이 어디예요?
B 바로 저기예요.

·下站 xiàzhàn 다음역

도전해 보세요!

휴대품 보관소는 어디에 있습니까?

고향이 어디입니까?

어디서 내립니까?

한국 대사관은 어디에 있습니까?

이 차는 어디로 갑니까?

行李寄存处 xíngli jìcúnchù
휴대품 보관소
老家 lǎojiā 고향
下车 xià chē 차에서 내리다
韩国大使馆
Hánguó dàshǐguǎn 한국 대사관

57

哪个 어느 것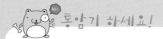

여러 개 중에서 어떤 것을 선택할 때 사용합니다. 일반적으로 명사와 함께 명사구를 이루어 주어나 목적어로 쓰입니다.

통암기 하세요!

哪个最好?
Nǎ ge zuì hǎo?

어느 것이 가장 좋습니까?

哪个饭馆最好?
Nǎ ge fànguǎn zuì hǎo?

어느 음식점이 가장 좋습니까?

哪个好吃?
Nǎ ge hǎochī?

어느 것이 맛있습니까?

他是哪个学校的?
Tā shì nǎ ge xuéxiào de?

그는 어느 학교에 다닙니까?

你喜欢哪个歌星?
Nǐ xǐhuan nǎ ge gēxīng?

어떤 가수를 좋아합니까?

▶ 哪는 '어느'라는 뜻으로 의문을 나타내거나 임의의 것을 가리킬 때 쓰이며 뒤에 양사 个 이외에도 다른 양사와 어울려 쓰입니다. 哪个는 '어느 것'이라는 뜻으로 여러 개 가운데서 한 가지를 정확하게 지목하도록 요구합니다.

哪件 nǎ jiàn 어느 것(옷)　哪本 nǎ běn 어느 것(책)

이렇게 쓰여요!

A 您找哪一位?
Nín zhǎo nǎ yí wèi?

B 我找王老师。
Wǒ zhǎo Wáng lǎoshī.

A 去地铁站往哪个方向走?
Qù dìtiězhàn wǎng nǎ ge fāngxiàng zǒu?

B 一直往左边走。
Yìzhí wǎng zuǒbiān zǒu.

> Tip
>
> 중국어로 '여보세요'는 '喂(wèi)'입니다. 'OO 좀 바꿔주세요'는 다음과 같이 말합니다.
>
> 我找小丽。
> Wǒ zhǎo Xiǎolì.
> 샤오리를 찾는데요.
>
> 请小丽接电话。
> Qǐng Xiǎolì jiē diànhuà.
> 샤오리 좀 바꿔주세요.
>
> 小丽在吗?
> Xiǎolì zài ma?
> 샤오리 있나요?

A 누구를 찾으시나요?
B 왕 선생님 부탁합니다.

A 지하철역에 가려면 어느 방향으로 가야 하나요?
B 왼쪽으로 곧장 가세요.

·找 zhǎo 찾다　·方向 fāngxiàng 방향　·一直 yìzhí 곧장, 곧바로　·往 wǎng ~으로

도전해 보세요!

어느 것이 저렴합니까?

어느 것이 편리합니까?

어느 옷이 예쁩니까?

어느 것이 재미있습니까?

어느 것이 많습니까?

便宜 piányi 싸다
方便 fāngbiàn 편리하다
漂亮 piàoliang 예쁘다
有意思 yōu yisi 재미있다
多 duō 많다

怎么样 ~는 어떻습니까?

성질이나 상태 등이 어떤 정도인지 묻는 의문사로, 상대방에게 의견이나 상황을 묻거나, 어떤 것을 제안할 때 사용합니다.

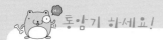 통암기 하세요!

他怎么样?
Tā zěnmeyàng?

그는 어떻습니까?

最近你们公司怎么样?
Zuìjìn nǐmen gōngsī zěnmeyàng?

요즘 당신네 회사는 어떻습니까?

他汉语说得怎么样?
Tā Hànyǔ shuō de zěnmeyàng?

그의 중국어는 어떻습니까?

喝咖啡怎么样?
Hē kāfēi zěnmeyàng?

커피 마시는 게 어떻습니까?

骑车去怎么样?
Qí chē qù zěnmeyàng?

자전거를 타고 가는 게 어떻겠습니까?

▶ 骑车에서 骑는 다리를 벌리고 올라타는 교통수단에 사용합니다. 自行车 zìxíngchē (자전거), 摩托车 mótuōchē (오토바이), 马 mǎ (말) 등에 사용합니다. 일반적으로 骑车는 자전거를 타는 경우를 말합니다.

▶ 정도보어
동작이 이루어 낸 정도를 나타내는 것을 정도보어라고 합니다. 동사와 정도보어는 구조조사 得로 연결됩니다.

● 주어 + 동사 + 得 + 정도보어
他说得很好. Tā shuō de hěn hǎo. 그는 말을 잘 합니다.

● 주어 + (동사)+ 목적어 + 동사 + 得 + 정도보어
他(说)汉语说得很好。Tā (shuō) Hànyǔ shuō de hěn hǎo.
그는 중국어를 잘 합니다.

이렇게 쓰여요!

A 听说, 他打网球打得不错。
Tīngshuō, tā dǎ wǎngqiú dǎ de búcuò.

B 打得不怎么样。
Dǎ de bùzěnmeyàng.

A 这件怎么样?
Zhè jiàn zěnmeyàng?

B 颜色很配你。
Yánsè hěn pèi nǐ.

Tip
怎么样 앞에 부정부사
不를 붙이면 '별로 좋지
않다', '시시하다', '보통이
다'의 의미를 가집니다.

A 그는 테니스 잘 친다며.
B 별로 잘 치지 못해.
A 이거 어때?
B 색깔이 너한테 잘 어울려.

·不错 búcuò 좋다, 괜찮다 ·配 pèi 어울리다

 도전해 보세요!

오늘 날씨 어떻습니까?

사이즈가 어떻습니까?

오리구이를 먹는 게 어떻습니까?

마오타이주를 사는 게 어떻습니까?

다음주는 어떻습니까?

天气 tiānqi 날씨
大小 dàxiǎo 사이즈, 크기
烤鸭 kǎoyā 오리구이
茅台酒 máotáijiǔ 마오타이주
下星期 xiàxīngqī 다음주

~, 好吗? ~하는 게 어떻습니까?

怎么样과 같이 상대방의 의견을 물어보거나 상대방에게 무엇을 제안할 때 사용합니다.

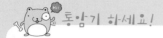 통암기 하세요!

我们一起去看电影, 好吗? 우리 함께 영화 보러 가는 게 어떻습니까?
Wǒmen yìqǐ qù kàn diànyǐng, hǎo ma?

我们坐车去, 好吗? 차를 타고 가는 게 어떻습니까?
Wǒmen zuò chē qù, hǎo ma?

晚上有约会, 明天晚上, 好吗?
Wǎnshang yǒu yuēhuì, míngtiān wǎnshang, hǎo ma?
저녁에 약속이 있는데 내일 저녁은 어떻습니까?

便宜点儿, 好吗? 좀 싸게 해주세요.
Piányi diǎnr, hǎo ma?

我们今天去, 好吗? 우리 오늘 가는 게 어때요?
Wǒmen jīntiān qù, hǎo ma?

▶ ~ 好吗?에 대해서 '好, 可以 kěyǐ, 行 xíng (좋아) / 不行 bùxíng (안돼)' 등으로 대답할 수 있습니다. '~, 行吗?(~해도 됩니까?)', '~, 可以吗?(~해도 괜찮습니까?)'는 '~好吗?'와 비슷한 표현으로 상대방에게 제안하거나 허가를 구하는 경우에 사용합니다.

这本书我拿去, 可以吗? Zhè běn shū wǒ ná qù, kěyǐ ma? 이 책 가져가도 되나요?
明天去, 行吗? Míngtiān qù, xíng ma? 내일 가도 괜찮아요?

• 拿 ná 가지다 • 可以 kěyǐ ~해도 좋다 • 行 xíng 괜찮다, 좋다

A 明天一起去看电影, 好吗?
Míngtiān yìqǐ qù kàn diànyǐng, hǎo ma?

B 好啊。看什么电影呢?
Hǎo a.　Kàn shénme diànyǐng ne?

A 听说, 这部电影很有意思。
Tīngshuō, zhè bù diànyǐng hěn yǒuyìsi.

B 那看这部电影吧。
Nà kàn zhè bù diànyǐng ba.

A 내일 같이 영화 보러 가는 게 어때?
B 좋아. 어떤 영화 볼까?
A 이 영화가 아주 재미있다는데.
B 그럼 이 영화 보자.

· 那 nà 그러면, 그렇다면

도전해 보세요!

우리 산책 가는 게 어떻습니까?

우리 함께 저녁 먹는 게 어떻습니까?

우리 함께 드라이브 가는 게 어떻습니까?

비행기 타고 가는 게 어떻습니까?

서점 앞에서 만나는 게 어떻습니까?

散步 sànbù 산책하다
晚饭 wǎnfàn 저녁 식사
兜风 dōu fēng 드라이브하다
飞机 fēijī 비행기
门口 ménkǒu 입구
见面 jiànmiàn 만나다

63

几 몇

'몇'이라는 뜻의 수량을 묻는 의문대명사입니다.

 통암기 하세요!

你几岁?
Nǐ jǐ suì?

몇 살이나?

你们几位?
Nǐmen jǐ wèi?

몇 분이세요?

你有几个妹妹?
Nǐ yǒu jǐ ge mèimei?

여동생이 몇 명이에요?

你家有几口人?
Nǐ jiā yǒu jǐ kǒu rén?

가족이 몇 명이에요?

你的生日是几月几号?
Nǐ de shēngrì shì jǐ yuè jǐ hào?

생일이 몇 월 며칠이에요?

▶ 几는 10 이하의 숫자를 예상하고 물을 때 사용하는데 시간, 년, 월, 일 등 주기적인 기간을 나타낼 경우에는 제외됩니다. 几가 명사를 수식할 경우에는 뒤에 반드시 양사를 써야 합니다.

● 几 + 양사 + 명사
几个妹妹 jǐ ge mèimei 여동생 몇 명 几岁 jǐ suì 몇 살

几는 숫자를 묻는 의문대명사이므로 수사가 위치하는 자리에 놓입니다.

몇 시?	몇 일?	무슨 요일?
几点?	几号?	星期几?
jǐ diǎn?	jǐ hào?	xīngqījǐ?
八点	五号	星期六
bā diǎn	wǔ hào	xīngqīliù

A 你的生日是几月几号?
Nǐ de shēngrì shì jǐ yuè jǐ hào?

B 六月十二号。
Liù yuè shí'èr hào.

A 你家有几口人?
Nǐ jiā yǒu jǐ kǒu rén?

B 我家有四口人。
Wǒ jiā yǒu sì kǒu rén.

A 생일이 언제야?
B 6월 12일이야.

A 가족이 몇 명이야?
B 네 명이야.

Tip

가족 수를 물을 경우에는 양사 口를 씁니다. 이 외에 사람 수를 물을 경우에는 个를 사용합니다.

你家有几口人?
Nǐ jiā yǒu jǐ kǒu rén?
가족이 몇 명이세요?

你有几个弟弟?
Nǐ yǒu jǐ ge dìdi?
남동생이 몇 명 있어요?

다음은 가족 구성원을 물을 때 쓰는 표현입니다.

你家有什么人?
Nǐ jiā yǒu shénme rén?
누구누구 있어요?

도전해 보세요!

몇 시에 수업합니까?

몇 시에 출근합니까?

집에 고양이가 몇 마리 있습니까?

오빠가 몇 명 있습니까?

사전이 몇 권 있습니까?

点 diǎn 시
上课 shàng kè 수업하다
只 zhī (가축을 세는 양사)마리
猫 māo 고양이

65

多 얼마나

'多+형용사'의 형태로 쓰여 정도나 분량을 묻는 데 사용합니다.

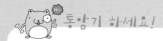
통암기 하세요!

你今年多大?
Nǐ jīnnián duō dà?

올해 몇이십니까?

您多大年纪?
Nín duō dà niánjì?

연세가 어떻게 되십니까?

他有多高?
Tā yǒu duō gāo?

키가 몇입니까?

你家离这儿多远?
Nǐ jiā lí zhèr duō yuǎn?

당신 집은 여기서 얼마나 멉니까?

你在这儿工作多久了?
Nǐ zài zhèr gōngzuò duō jiǔ le?

여기서 일한 지 얼마나 되셨습니까?

▶ 多는 부사로 의문문에 쓰여 '얼마나~한가'로 해석됩니다. 多 다음에 쓰이는 형용사는 적극적인 의미를 나타냅니다.

多长　多厚　多高　多宽 (O)
多短　多薄　多低　多窄 (X)

· 厚 hòu 두껍다 · 短 duǎn 짧다 · 薄 báo 얇다 · 低 dī 낮다 · 窄 zhǎi 좁다

▶ 多앞의 有는 추측의 의미를 나타냅니다.

▶ 离는 시간적, 공간적 거리를 나타내며 기준점이 되는 명사 앞에 놓입니다.
我家离这儿很远。　Wǒ jiā lí zhèr hěn yuǎn. 우리 집은 여기에서 멉니다.

이렇게 쓰여요!

A 你姐姐今年多大?
Nǐ jiějie jīnnián duō dà?

B 二十五。你姐姐呢?
Èrshíwǔ.　　Nǐ jiějie ne?

A 比她大一岁。
Bǐ tā dà yí suì.

A 她有多高?
Tā yǒu duō gāo?

B 1米68。
Yì mǐ liùbā.

▶ 나이 묻는 표현

손윗사람에게
您多大岁数?
Nín duō dà suìshu?
您多大年纪?
Nín duō dà niánji?
연세가 어떻게 되셨습니까?

동년배이거나 성인에게
你多大? 몇이세요?
Nǐ duō dà?

어린아이에게
你几岁? 몇 살이니?
Nǐ jǐ sui?

▶ 1米68 yì mǐ liù bā
미터 다음에 오는 숫자는
하나씩 읽습니다.

> A 너희 언니는 올해 몇이야?　A 저 애는 키가 몇이야?
> B 스물 다섯. 너희 언니는?　　B 168이야.
> A 너희 언니보다 한 살 많아.

·比 bǐ ~보다　·米 mǐ 미터

도전해 보세요!

이 길은 폭이 얼마나 됩니까?

이 강은 길이가 얼마나 됩니까?

이 짐은 무게가 얼마나 됩니까?

이 건물은 높이가 얼마나 됩니까?

(당신의) 여동생은 나이가 몇입니까?

宽 kuān 넓다
河 hé 강
行李 xíngli 짐
重 zhòng 무겁다

多长时间 얼마동안

시간의 양을 묻는 표현입니다. 일반적으로 동사 뒤에 위치합니다.

 통암기 하세요!

去天津需要多长时间?
Qù Tiānjīn xūyào duō cháng shíjiān?

톈진가는데 시간이 얼마나 걸립니까?

要走多长时间?
Yào zǒu duō cháng shíjiān?

얼마나 가야합니까?

还要多长时间?
Hái yào duō cháng shíjiān?

얼마나 더 걸립니까?

你学了多长时间汉语了?
Nǐ xué le duō cháng shíjiān Hànyǔ le?

중국어를 얼마나 배웠습니까?

你来中国多长时间了?
Nǐ lái Zhōngguó duō cháng shíjiān le?

중국에 온 지 얼마나 됐습니까?

▶ 要 yào, 需要 xūyào, 得 děi는 '(시간) 걸리다. 필요하다'로 해석됩니다.

▶ 还는 '더, 또'를 뜻하는 점층부사로 수량이나 범위의 증가를 나타냅니다.

还有十分钟。 10분이 더 있습니다. (10분 남았습니다)
Háiyǒu shí fēnzhōng.

今天比昨天还暖和。 오늘은 어제보다 더 따뜻합니다.
Jīntiān bǐ zuótiān hái nuǎnhuo.

A 还要多长时间才可以到?
Hái yào duō cháng shíjiān cái kěyǐ dào?

B 两个小时左右。
Liǎng ge xiǎoshí zuǒyòu.

A 多长时间没休息了?
Duō cháng shíjiān méi xiūxi le?

B 不知道多长时间了。
Bù zhīdào duō cháng shíjiān le.

A 도착하려면 얼마나 더 가야해요? A 안 쉰 지 얼마나 됐어?
B 2시간쯤이요. B 얼마나 됐는지 모르겠어.

·到 dào 도착하다 ·左右 zuǒyòu 쯤, 가량

左右는 수량사구 뒤에 놓
여 어림수를 나타냅니다.
一年左右 1년 쯤
yì nián zuǒyòu

시점 뒤에는 前后를 사용
합니다.
圣诞节前后
Shèngdànjié qiánhòu
크리스마스 쯤

도전해 보세요!

얼마나 기다렸습니까?

얼마나 머무르실 겁니까?

비행기를 얼마나 타야합니까?

얼마나 걸렸습니까?

얼마나 잤습니까?

等 děng 기다리다
待 dāi 머무르다
花 huā 걸리다, 소비하다
睡 shuì 잠자다

多少 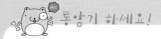 얼마/몇

수량, 정도를 묻는 표현으로 '多少 + (양사) + 명사'의 형태로 사용합니다.

 통암기 하세요!

你的电话号码是多少?
Nǐ de diànhuà hàomǎ shì duōshao?

전화번호가 몇 번입니까?

你有多少本书?
Nǐ yǒu duōshao běn shū?

책이 몇 권 있으십니까?

你要多少?
Nǐ yào duōshao?

얼마나 필요하십니까?

今天人民币和美元兑换率是多少?
Jīntiān Rénmínbì hé Měiyuán duìhuànlǜ shì duōshao?
오늘 인민폐와 달러의 환율이 얼마나 됩니까?

最高气温是多少度?
Zuìgāo qìwēn shì duōshao dù?

최고기온이 몇 도입니까?

▶ 多少는 수량을 물을 때 쓰이며 보통 10 이상의 수를 물을 때 사용합니다. 几
는 명사를 수식할 때 양사를 써야 하지만 多少는 양사를 생략해도 됩니다.

● 几 + 양사 + 명사
几个学生 jǐ ge xuésheng 학생 몇 명(10이하의 수)

● 多少 + (양사) + 명사
多少(个)学生 duōshao (ge) xuésheng 학생 몇 명(10이상의 수)

70

이렇게 쓰여요!

A 你的手机号码是多少？
Nǐ de shǒujī hàomǎ shì duōshao?

B 01316245798。
Líng yāo sān yāo liù èr sì wǔ qī jiǔ bā.

A 你看了多少部中国电影？
Nǐ kàn le duōshao bù Zhōngguó diànyǐng?

B 大概一百多部。
Dàgài yì bǎi duō bù.

A 핸드폰 번호가 몇 번이에요?
B 013-1624-5798이에요.

A 너 중국영화 몇 편이나 봤어?
B 100편 정도.

·大概 dàgài 대략, 대개 ·多 duō 여, 쯤

 Tip
▶ 一(yāo)
방 번호, 전화번호, 버스 번호 등에 쓰인 숫자 1은 보통 'yāo'라고 읽습니다.

▶ 多
수량사 뒤에 쓰여 '남짓, 쯤'을 나타냅니다
三十多岁 서른 살 남짓
sānshí duō suì

五年多 5년 여
wǔ nián duō

 도전해 보세요!

얼마나 먹었습니까?

이번 달은 며칠이 있습니까?

이자는 얼마입니까?

너희 반에 여학생이 몇 명 있니?

얼마나 머무르십니까?

利息 lìxī 이자
班 bān 반
女生 nǚshēng 여학생
呆 dāi 머무르다

71

多少钱? 얼마입니까?

多少는 '얼마', 钱은 '돈'이란 뜻으로 多少钱은 가격을 묻는 표현입니다.

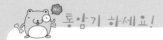 통암기 하세요!

这个多少钱?
Zhè ge duōshao qián?

이것은 얼마입니까?

寄航空信要多少钱?
Jì hángkōngxìn yào duōshao qián?

항공우편은 얼마입니까?

单人房多少钱?
Dānrénfáng duōshao qián?

1인실은 얼마입니까?

一共多少钱?
Yígòng duōshao qián?

총 얼마입니까?

租一天多少钱?
Zū yì tiān duōshao qián?

하루 빌리는 데 얼마입니까?

▶ 인민폐 단위

块 kuài = 元 yuán   毛 máo = 角 jiǎo   分 fēn
10分=1毛, 10毛 = 1块

▶ 금액 읽는 방법

0.02 两分 liǎng fēn   0.20 两毛 liǎng máo   2.00 两块 liǎng kuài
2.05 两块零五分 liǎng kuài líng wǔ fēn 2.50 两块五(毛) liǎng kuài wǔ (máo)
12.52 十二块五毛二 shí'èr kuài wǔ máo èr

毛나 分이 맨 끝에 오면 생략할 수 있습니다.
2가 단독으로 쓰이면 两으로 읽습니다.
2가 마지막자리에 쓰이면 二로 읽습니다.

A 西红柿一斤, 多少钱?
Xīhóngshì yì jīn, duōshao qián?

B 两块五一斤。
Liǎng kuài wǔ yì jīn.

A 便宜点儿吧。
Piányi diǎnr ba.

B 你给两块吧。
Nǐ gěi liǎng kuài ba.

A 토마토 한 근에 얼마예요?
B 2원 50전이에요.
A 좀 싸게 해 주세요.
B 2원만 주세요.

· 西红柿 xīhóngshi 토마토 · 给 gěi 주다 · 吧 ba 명령, 청유형에 쓰이는 어기조사

도전해 보세요!

이 옷 얼마입니까?

시계가 얼마입니까?

사과 한 근에 얼마입니까?

트윈룸은 얼마입니까?

하루에 얼마입니까?

手表 shǒubiǎo 시계
双人房 shuāngrénfáng
트윈룸

73

为什么 왜?/어째서?

술어동사 앞에 쓰이며, 원인이나 이유를 묻는 데 사용합니다.

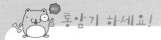
통암기 하세요!

他为什么不来?
Tā wèishénme bù lái?

그는 왜 안 옵니까?

你为什么这样说?
Nǐ wèishénme zhèyàng shuō?

당신은 왜 이렇게 말합니까?

为什么骑车去?
Wèishénme qí chē qù?

왜 자전거를 타고 갑니까?

这是为什么?
Zhè shì wèishénme?

이것은 어째서 입니까?

你为什么来晚了?
Nǐ wèishénme láiwǎn le?

왜 늦었습니까?

▶ 결과보어
동사 뒤에 놓여 동작의 결과를 나타내는 성분을 결과보어라고 합니다. 동사
와 형용사가 결과보어로 사용됩니다.

来晚 → 왔다 + 늦다 → 늦게 왔다
看完 → 보다 + 끝나다 → 다 읽었다
看错 → 보다 + 틀리다 → 잘못 봤다
洗干净 → 빨다 + 깨끗하다 → 깨끗하게 빨았다

• 洗 xǐ 세탁하다, 씻다 • 干净 gānjìng 깨끗하다

A 你为什么不吃啊?
Nǐ wèishénme bù chī a?

B 没胃口。
Méi wèikǒu.

A 你为什么来晚了?
Nǐ wèishénme lái wǎn le?

B 对不起, 我睡过头了。
Duìbuqǐ, wǒ shuìguotóu le.

> A 왜 안 먹어?
> B 입맛이 없어.
>
> A 왜 늦었어?
> B 미안, 늦잠 잤어.

·胃口 wèikǒu 식욕 ·睡过头 shuìguotóu 늦잠을 자다

도전해 보세요!

당신은 어째서 사지 않습니까?

당신은 어째서 참석하지 않습니까?

왜 이렇게 비쌉니까?

왜 돼지고기를 안 먹습니까?

왜 나를 싫어합니까?

参加 cānjiā 참가하다, 참석하다
这么 zhème 이러한, 이렇게
贵 guì 비싸다
猪肉 zhūròu 돼지고기
讨厌 tǎoyàn 싫어하다

75

怎么 어떻게?/어째서?

술어 동사 앞에 쓰이며, 이유나 방식 등을 묻는 데 사용합니다.

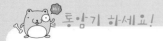 통암기 하세요!

你怎么知道?
Nǐ zěnme zhīdao?

당신이 어떻게 압니까?

怎么办?
Zěnme bàn?

어떻게 합니까?

您怎么称呼呢?
Nín zěnme chēnghu ne?

성함이 어떻게 되십니까?

怎么回事?
Zěnme huí shì?

어찌된 일입니까?

屋里怎么这么乱?
Wūli zěnme zhème luàn?

방안이 왜 이렇게 지저분합니까?

▶ 怎么는 상황, 방식, 이유를 묻는 데 사용하며 술어 앞에 놓입니다. 앞에서 배운 什么는 대상을 묻는 표현으로 술어 뒤에 놓입니다.

◉ 怎么 + 동사
  怎么吃? Zěnme chī? 어떻게 먹죠?

◉ 동사 + 什么 + (목적어)
  吃什么? Chī shénme? 뭘 먹어요?

▶ 怎么가 명사 앞에 놓이면 怎么와 명사 사이에 양사를 붙입니다.
  怎么个吃法? Zěnme ge chīfǎ? 어떻게 먹죠?
  怎么回事? Zěnme huí shì? 무슨 일이야?

A 你怎么了？哪里不舒服？
Nǐ zěnme le?　　Nǎli bù shūfu?

B 我肚子疼。
Wǒ dùzi téng.

A 你昨天怎么没来？
Nǐ zuótiān zěnme méi lái?

B 昨天有急事，不能去。
Zuótiān yǒu jíshì,　　bù néng qù.

> A 왜 그래? 어디 아파?　　A 어제 왜 안 왔어?
> B 배가 아파.　　　　　　　B 급한 일이 생겨서 갈 수 없었어.

·舒服 shūfu 편안하다 · 肚子 dùzi 배 · 疼 téng 아프다 · 没 méi ~하지 않다
·急事 jíshì 급한 일 · 能 néng ~할 수 있다

도전해 보세요!

어떻게 먹습니까?

이 한자 어떻게 읽습니까?

어떻게 팝니까?

어떻게 엽니까?

오늘 왜 이렇게 덥습니까?

吃法 chīfǎ 먹는 방법
念 niàn 읽다
卖 mài 팔다
打开 dǎkāi 열다
热 rè 덥다

请问, ~ 말씀 좀 물을게요/실례합니다

상대방에게 물어볼 때 사용하는 관용어로 문장 첫머리에 놓입니다.

통암기 하세요!

请问, 去百货大楼怎么走?　말씀 좀 물을게요, 백화점에 가려면 어떻게 가나요?
Qǐngwèn, qù bǎihuòdàlóu zěnme zǒu?

请问, 电梯在什么地方?　말씀 좀 물을게요, 엘리베이터는 어디에 있나요?
Qǐngwèn, diàntī zài shénme dìfang?

请问, 您是王老师吗?　죄송합니다만, 왕 선생님이십니까?
Qǐngwèn, nín shì Wáng lǎoshī ma?

请问, 你找谁?　실례지만, 누구를 찾으세요?
Qǐngwèn, nǐ zhǎo shéi?

请问, 牛肉一斤多少钱?　소고기 한 근에 얼마에요?
Qǐngwèn, niúròu yì jīn duōshao qián?

▶ 劳驾 láojià (죄송합니다, 미안합니다), 对不起 duìbuqǐ 도 **请问**처럼 사용할 수 있습니다.

劳驾, 去火车站怎么走?　실례합니다만, 기차역에 가려면 어떻게 갑니까?
Láojià, qù huǒchēzhàn zěnme zǒu?

对不起, 去火车站怎么走?　죄송합니다만, 기차역에 가려면 어떻게 갑니까?
Duìbuqǐ, qù huǒchēzhàn zěnme zǒu?

A 请问, 去火车站怎么走?
　 Qǐngwèn, qù huǒchēzhàn zěnme zǒu?

B 过马路, 坐123路车就行了。
　 Guò mǎlù, zuò yāo'èrsān lù chē jiù xíng le.

A 请问, 找哪一位?
　 Qǐngwèn, zhǎo nǎ yí wèi?

B 我找王老师。
　 Wǒ zhǎo Wáng lǎoshī.

A 对不起, 现在他不在。
　 Duìbuqǐ,　　xiànzài tā bú zài.

> A 기차역에 가려면 어떻게 가나요?　A 실례지만 누구를 찾으세요?
> B 길 건너서 123번 버스 타시면 돼요.　B 왕 선생님 찾아왔는데요.
> 　　　　　　　　　　　　　　　　　A 죄송합니다만, 지금 안 계시는데요

·过 guò 건너다

실례지만 어디로 가십니까?

당신들은 무엇을 드시겠습니까?

죄송하지만 당신은 몇 층에 사십니까?

죄송합니다만, 지금 몇 시입니까?

좀 물어볼게요, 이것은 무슨 고기입니까?

住 zhù 살다
层 céng 층
现在 xiànzài 지금, 현재

~还是~　~아니면~

······ 还是 앞뒤로 여러 상황을 제시하면 선택의문문이 됩니다.

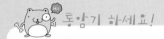 통암기 하세요!

你明天去还是后天去?
Nǐ míngtiān qù háishi hòutiān qù?

내일 갑니까 아니면 모레 갑니까?

你剪发还是烫发?
Nǐ jiǎn fà háishi tàng fà?

머리를 자르실 겁니까, 파마하실 겁니까?

你要这个还是那个?
Nǐ yào zhè ge háishi nà ge?

이것을 드릴까요, 저것을 드릴까요?

这是你的还是他的?
Zhè shì nǐ de háishi tā de?

이것은 당신 것입니까, 그의 것입니까?

他是韩国人还是中国人?
Tā shì Hánguórén háishi Zhōngguórén?

그는 한국인입니까, 중국인입니까?

▶ 접속사 还是를 사용해 두 개 이상에서 적당한 것을 선택하는 의문문을 만들 수 있습니다. 还是를 사용한 의문문에서 술어가 是일 경우 뒤의 是는 생략합니다.

你是韩国人还是中国人? 당신은 한국인입니까? 중국인입니까?
Nǐ shì Hánguórén háishi Zhōngguórén?

还是와 같이 두 개의 상황을 연결하는 접속사로 或者 huòzhě (~거나, ~든지, 혹은)가 있습니다. 或者는 평서문에 사용합니다.

明天去或者后天去。 내일 가거나 혹은 모레 갑니다.
Míngtiān qù huòzhě hòutiān qù.

A 你看这个好还是那个好?
Nǐ kàn zhè ge hǎo háishi nà ge hǎo?

B 这个更适合你。
Zhè ge gèng shìhé nǐ.

A 明天我们去看电影还是去逛商店?
Míngtiān wǒmen qù kàn diànyǐng háishi qù guàng

shāngdiàn?

B 我们去看电影吧。
Wǒmen qù kàn diànyǐng ba.

A 네가 보기에 이게 괜찮아   A 내일 영화보러 갈까? 쇼핑 갈까?
   아니면 저게 괜찮아?   B 우리 영화 보러 가자.
B 이게 너한테 더 어울려.

·更 gèng 더욱, 더 ·适合 shìhé 적합하다

도전해 보세요!

찬성입니까 아니면 반대입니까?

차를 마시겠습니까, 커피를 마시겠습니까?

우리 농구할까요, 아니면 수영할까요?

오늘이 금요일입니까, 토요일입니까?

시원한 걸로 드릴까요, 따뜻한 걸로 드릴까요?

赞成 zànchéng 찬성하다
反对 fǎnduì 반대하다
茶 chá 차
打篮球 dǎ lánqiú 농구하다
游泳 yóuyǒng 수영(하다)
凉 liáng 서늘하다, 차갑다
热 rè 덥다

~是不是~? ~한 거 아닙니까?

술어 동사 앞이나 문두, 문미에 쓰여 자신의 예상에 대해 상대방의 확인을 구할 때 주로 사용합니다.

통암기 하세요!

你不满意是不是?
Nǐ bù mǎnyì shì bu shì?

불만 있는 거 아닙니까?

是不是你丢了书包?
Shì bu shì nǐ diū le shūbāo?

책가방을 잃어버린 거 아닙니까?

你是不是在这儿下车?
Nǐ shì bu shì zài zhèr xià chē?

여기서 내리는 거 아닙니까?

你说的是不是?
Nǐ shuō de shì bu shì?

당신이 말한 거 아닙니까?

你是不是打错了?
Nǐ shì bu shì dǎcuò le?

잘못 거신 거 아닙니까?

▶ 是不是는 위치가 비교적 자유로워서 문미, 문중, 문두에 모두 놓일 수 있습니다.

他是不是走了? 그는 갔나요?
Tā shì bu shì zǒu le?

他走了是不是?
Tā zǒu le shì bu shì?

是不是他走了?
Shì bu shì tā zǒu le?

A 你是不是身体不舒服?
　Nǐ shì bu shì shēntǐ bù shūfu?

B 不是。
　Bú shì.

A 那为什么这么没精神?
　Nà wèishénme zhème méi jīngshen?

B 昨晚太热了, 没睡好。
　Zuówǎn tài rè le, méi shuì hǎo.

> A 너 몸이 안 좋은 거 아냐?
> B 아냐.
> A 근데 왜 이렇게 기운이 없어?
> B 어젯밤에 너무 더워서 잠을 잘 못 잤거든.

· **精神** jīngshen 활력, 기운 · **昨晚** zuówǎn 어제 저녁

당신 모레 귀국하는 거 아닙니까?

병이 난 거 아닙니까?

더위 먹은 거 아닙니까?

잘못 들은 거 아닙니까?

허풍 떠는 거 아닙니까?

回国 huí guó 귀국하다
生病 shēngbìng 병나다
中暑 zhòng shǔ 더위 먹다
听错 tīngcuò 잘못 듣다
吹牛 chuī niú 허풍을 떨다

可以～吗? ~해도 됩니까?

상대방의 동의를 구할 때 사용하는 표현입니다.

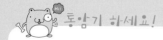 통암기 하세요!

我可以吃吗?
Wǒ kěyǐ chī ma?

먹어도 됩니까?

我可以抽烟吗?
Wǒ kěyǐ chōu yān ma?

담배를 피워도 됩니까?

我可以跟你谈吗?
Wǒ kěyǐ gēn nǐ tán ma?

당신과 이야기를 좀 해도 될까요?

我可以打开窗户吗?
Wǒ kěyǐ dǎkāi chuānghu ma?

창문을 열어도 됩니까?

我可以在这儿坐吗?
Wǒ kěyǐ zài zhèr zuò ma?

여기 앉아도 됩니까?

▶ 可以

'~해도 된다'는 허가의 뜻 외에 '~할 수 있다'는 객관적인 가능성이나 능력을
나타내는 뜻으로도 쓰입니다.

你明天可以来吗? Nǐ míngtiān kěyǐ lái ma? 내일 올 수 있습니까?

A 妈妈, 我可以再吃一个冰淇淋吗?
Māma, wǒ kěyǐ zài chī yí ge bīngqílín ma?

B 多吃了会感冒的。
Duō chī le huì gǎnmào de.

A 对不起, 可以在这儿坐下吗?
Duìbuqǐ, kěyǐ zài zhèr zuòxià ma?

B 这儿有座位。
Zhèr yǒu zuòwèi.

A 엄마, 아이스크림 하나 더   A 죄송합니다만, 여기 앉아도 될까요?
  먹어도 돼요?   B 자리 있는데요.
B 많이 먹으면 감기 걸려.

· 再 zài 다시, 또   · 冰淇淋 bīngqilín 아이스크림   · 会 huì ~할 것이다
· 感冒 gǎnmào 감기에 걸리다   · 座位 zuòwèi 자리

사진 찍어도 됩니까?

들어가도 됩니까?

이 옷 입어봐도 됩니까?

이 사전 봐도 됩니까?

가도 됩니까?

照相 zhàoxiàng 사진을 찍다
进去 jìnqu 들어가다
穿 chuān 입다
词典 cídiǎn 사전
走 zǒu 가다

知道~吗? ~를 아십니까?

어떤 사람이나 사물, 사실 등을 상대방이 알고 있는지 물을 때 知道 zhīdɑo 를 사용합니다.

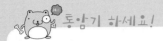
통암기 하세요!

你知道他吗?
Nǐ zhīdao tā ma?

그를 압니까?

你知道跆拳道吗?
Nǐ zhīdao táiquándào ma?

태권도를 아십니까?

你知道他去哪儿吗?
Nǐ zhīdao tā qù nǎr ma?

그가 어디 갔는지 아십니까?

你知道我的伊妹儿地址吗?
Nǐ zhīdao wǒ de yīmèir dìzhǐ ma?

제 이메일 주소 아십니까?

你知道去百货大楼怎么走吗?
Nǐ zhīdao qù bǎihuòdàlóu zěnme zǒu ma?

백화점을 어떻게 가는지 아십니까?

▶ 你知道~吗?의 부정형 '不知道~吗?(~를 몰랐어?)'도 자주 쓰이는 표현입니다.
你不知道我是韩国人吗? 내가 한국사람인 거 몰랐어?
Nǐ bù zhīdào wǒ shì Hánguórén ma?
你不知道我搬家了吗? 내가 이사한지 몰랐어?
Nǐ bù zhīdào wǒ bānjiā le ma?

▶ 知道와 认识
知道와 认识 rènshi 모두 사람이나 길 등을 알고 있을 때 사용합니다. 知道는 그 사람의 이름이나 그(길, 물건)와 관련된 이야기를 들은 경우도 포함하지만, 认识는 그 대상(사람, 길, 물건)을 직접보고 그에 관해 아는 경우에 사용합니다.

A 你知道下个月黎明在首尔开演唱会吗?
Nǐ zhīdao xià ge yuè Lí Míng zài Shǒu'ěr kāi yǎnchànghuì ma?

B 是真的吗? 我好想去。
Shì zhēn de ma? Wǒ hǎo xiǎng qù.

A 那我们一块儿去吧。
Nà wǒmen yíkuàir qù ba.

B 快订票去吧。
Kuài dìng piào qù ba.

A 너 다음 달 서울에서 여명이 콘서트 하는 거 아니?
B 정말이야? 너무 가고 싶다.
A 그럼 우리 같이 가자.
B 빨리 예매하러 가자.

·开 kāi 열다, 개최하다 ·演唱会 yǎnchànghuì 콘서트
·真 zhēn 진실이다, 사실이다 ·好 hǎo 매우, 몹시 ·想 xiǎng ~하고 싶다
·一块儿 yíkuàir 함께 ·快 kuài 빨리 ·订 dìng 예약하다

당신은 이 일을 알고 있습니까?

백화점이 언제 문을 여는지 압니까?

그가 누구인지 압니까?

이게 뭔지 압니까?

그가 이사간 거 알고 있습니까?

开门 kāi mén 문을 열다
搬家 bān jiā 이사하다

87

중국어 회화를 위한 **필수 패턴**

~不太~ 그다지 ~하지 않습니다

부분 부정은 '太 (매우)'와 같은 부사 앞에 부정부사 不를 붙여 표현합니다.

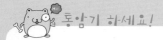 통암기 하세요!

我不太累。
Wǒ bú tài lèi.

저는 그다지 피곤하지 않습니다.

你脸色不太好看。
Nǐ liǎnsè bú tài hǎokàn.

안색이 그다지 좋지 않습니다.

这儿不太干净。
Zhèr bú tài gānjìng.

이곳은 그다지 깨끗하지 않습니다.

这个橘子不太新鲜。
Zhè ge júzi bú tài xīnxiān.

이 귤은 그다지 신선하지 않습니다.

我说得不太流利。
Wǒ shuō de bú tài liúlì.

저는 그다지 유창하게 말하지 못합니다.

▶ ~不太는 부분부정으로 '그다지 ~하지 않다'로 해석합니다.

不太忙 bú tài máng 그다지 바쁘지 않다
不太好 bú tài hǎo 그다지 좋지 않다

때로는 부정부사 不를 뒤에 써서 '매우 ~하지 않다'의 뜻으로 강한 부정을
나타내기도 합니다.

太不忙 tài bù máng 매우 바쁘지 않다(매우 한가하다)
太不好 tài bù hǎo 매우 좋지 않다(매우 나쁘다)

A 你今天忙吗?
  Nǐ jīntiān máng ma?

B 不太忙。为什么呢?
  Bú tài máng.　Wèishénme ne?

A 小丽身体不太好, 昨天住院了。
  Xiǎolì shēntǐ bú tài hǎo,　zuótiān zhù yuàn le.

B 那下班后, 一起去探病吧。
  Nà xià bān hòu,　yìqǐ qù tàn bìng ba.

A 오늘 바쁘니?
B 별로, 왜?
A 샤오리가 몸이 안 좋아서 어제 입원했어.
B 그럼 퇴근 후에 같이 병문안 가자.

•住院 zhù yuàn 입원하다　•后 hòu 후에, 뒤에　•探病 tàn bìng 병문안하다

도전해 보세요!

이 바지는 그다지 비싸지 않습니다.

오늘은 그다지 덥지 않습니다.

중국어는 그다지 어렵지 않습니다.

저는 그다지 익숙하지 않습니다.

이 일은 그다지 쉽지 않습니다.

裤子 kùzi 바지
学 xué 배우다
习惯 xíguàn 습관이 되다, 익숙
해지다
容易 róngyì 쉽다

91

太～了 너무～합니다

부사 太는 '너무'라는 뜻으로 보통 문장 끝에 놓이는 '了'와 호응하여 감탄을 나타냅니다.

 통암기 하세요!

太便宜了。
Tài piányi le.
너무 쌉니다.

太高兴了。
Tài gāoxìng le.
너무 기쁩니다.

太好了。
Tài hǎo le.
너무 잘됐습니다.

太亲切了。
Tài qīnqiè le.
너무 친절하십니다.

太美了。
Tài měi le.
너무 예쁩니다

▶ 정도를 나타내는 표현에는 太, 很 외에도 여러 가지가 있습니다. 最 zuì 가장, 非常 fēicháng 대단히, 挺 tǐng 매우, 极了 jíle 매우, 死了 sǐ le ～해 죽겠다. 여기에서 极了와 死了는 형용사 뒤에 놓입니다.

我最喜欢吃苹果。 Wǒ zuì xǐhuan chī píngguǒ. 사과가 제일 좋아.
今天天气非常好。 Jīntiān tiānqì fēicháng hǎo. 오늘 날씨가 아주 좋다.
这衣服挺好的。 Zhè yīfu tǐng hǎo de. 이 옷은 아주 좋아요.
漂亮极了。 Piàoliang jí le. 아주 예쁘다.
热死了。 Rè sǐ le. 더워죽겠다.

이렇게 쓰여요!

A 这件怎么样?
Zhè jiàn zěnmeyàng?

B 太贵了。有没有别的?
Tài guì le.　Yǒu méiyǒu bié de?

A 不害怕吗?
Bú hàipà ma?

B 怕什么?
Pà shénme?

A 你胆子太大了。
Nǐ dǎnzi tài dà le.

> ▶ 什么의 반어표현
반어표현이란 말하고자
하는 내용을 반대 형식으
로 나타내는 강조표현입
니다.

哭什么? 뭘 울고 그래!
Kū shénme?

胖什么?
Pàng shénme?
뭐가 뚱뚱하다고 그래!

A 이건 어때요?　　　　　A 안 무서워?
B 너무 비싼데요, 다른 건 없나요?　B 뭐가 무서워?
　　　　　　　　　　　　　A 너 담이 진짜 크다.

·**害怕** hàipà 두려워하다, 겁내다 ·**怕** pà 두렵다 ·**胆子** dǎnzi 담력

도전해 보세요!

너무 시끄럽습니다.

너무 짭니다.

너무 심합니다.

너무 위험합니다.

너무 겸손하십니다.

吵 chǎo 시끄럽다
咸 xián 짜다
过分 guòfèn 지나치다
危险 wēixiǎn 위험하다
谦虚 qiānxū 겸손하다

真 정말

정도부사 真을 사용해 감탄을 나타낼 수 있습니다.

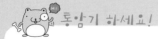
통암기 하세요!

真漂亮啊!
Zhēn piàoliang a!

정말 예쁩니다!

真好啊!
Zhēn hǎo a!

정말 좋습니다!

真不少啊!
Zhēn bù shǎo a!

정말 많습니다!

真凉快。
Zhēn liángkuai.

진짜 시원합니다.

真羡慕你啊!
Zhēn xiànmù nǐ a!

정말 부럽습니다!

• 羡慕 xiànmù 부러워하다, 선망하다

▶ 啊

啊는 감탄를 나타내는 어기조사입니다. 啊는 발음할 때 앞 음절의 맨 끝소리에 의해 음이 변하며, 이것을 표기할 때 음에 따라 다른 한자를 사용합니다.

한자	앞 음절의 끝소리
呀 ya	i ü a o e
哇 wa	u ao iao
哪 na	n

이렇게 쓰여요!

A 这是我做的中国菜。
Zhè shì wǒ zuò de Zhōngguócài.

B 真香啊。太好吃了。
Zhēn xiāng a. Tài hǎochī le.

A 还给你。
Huán gěi nǐ.

B 看完了? 你真行。一天就把这本书看完了。
Kàn wán le? Nǐ zhēn xíng. Yì tiān jiù bǎ zhè běn shū kànwán le.

 Tip
▶ 你真行!
行은 여기서 '대단하다, 훌륭하다'의 뜻입니다. 상대방의 능력에 놀라거나 상대방을 칭찬할 때 사용합니다.

A 내가 만든 중국 음식이야.
B 냄새 좋은데. 너무 맛있다.

A 돌려줄게.
B 다 봤어? 정말 대단한데. 하루만에 이 책을 다 보다니.

· 还 huán 돌려주다 · 把 bǎ ~를

 도전해 보세요!

진짜 닮았습니다.

진짜 아깝습니다.

정말 어렵습니다.

진짜 귀엽습니다.

정말 덥습니다.

像 xiàng 닮다
可惜 kěxī 아쉽다, 아깝다
不容易 bùróngyì 쉽지 않다
可爱 kě'ài 귀엽다
热 rè 덥다

95

有点儿 좀 ~합니다

'조금, 약간'의 뜻으로 동사나 형용사 앞에 사용합니다.

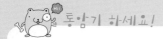 통암기 하세요!

这件衬衫有点儿贵。
Zhè jiàn chènshān yǒudiǎnr guì.

이 셔츠는 좀 비쌉니다.

这双鞋有点儿大。
Zhè shuāng xié yǒudiǎnr dà.

이 신발은 좀 큽니다.

他的房间有点儿脏。
Tā de fángjiān yǒudiǎnr zāng.

그의 방은 좀 지저분합니다.

今天有点儿不高兴。
Jīntiān yǒudiǎnr bù gāoxìng.

오늘 기분이 좀 좋지 않습니다.

今天天气有点儿冷。
Jīntiān tiānqì yǒudiǎnr lěng.

오늘 날씨가 좀 춥습니다.

▶ 부사 有(一)点儿은 수량이 많지 않음을 나타내며, 형용사/동사 앞에 쓰여 대체로 여의치 않은 경우나 만족스럽지 않은 상황을 나타냅니다.

● 有点儿 + 형용사/동사

这件衬衫有点儿贵。 Zhè jiàn chènshān yǒudiǎnr guì. 이 셔츠는 좀 비싸요.
有点儿吃惊。 Yǒudiǎnr chījīng. 좀 놀랐어요.

• 吃惊 chījīng (깜짝) 놀라다

이렇게 쓰여요!

A 学汉语怎么样?
Xué Hànyǔ zěnmeyàng?

B 有点儿难, 不过很有意思。
Yǒudiǎnr nán, búguò hěn yǒu yìsi.

A 你看, 这件怎么样?
Nǐ kàn, zhè jiàn zěnme yàng?

B 这件对你有点儿大。
Zhè jiàn duì nǐ yǒudiǎnr dà.

对는 '~에게, ~에 대해'라
는 뜻으로 동작을 받는 대
상이나 언급대상을 나타
냅니다.

他对我很亲切。
Tā duì wǒ hěn qīnqiè.
그는 나에게 친절하다.

你对韩国的印象
怎么样?
Nǐ duì Hánguó de yìnxiàng
zěnmeyàng?
한국에 대한 인상이 어
때요?

> A 중국어 공부는 어때요?   A 봐봐, 이 옷 어떠니?
> B 좀 어렵지만 아주 재미있어요.   B 너한테 조금 크다.

· 不过 búguò 그러나, 하지만

도전해 보세요!

좀 놀랐습니다.

좀 목마릅니다.

좀 어색합니다.

좀 낯이 익습니다.

좀 귀찮습니다.

渴 kě 목마르다
尴尬 gāngà 난처하다, 어색하다
面熟 miànshú 낯익다
麻烦 máfan 귀찮다, 성가시다

97

一点儿 좀 ~합니다/좀 ~ 해주십시오

'조금, 약간'의 뜻으로 동사나 형용사 뒤에 위치합니다.

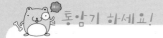

多吃一点儿。
Duō chī yìdiǎnr.

좀 더 드십시오.

再快一点儿。
Zài kuài yìdiǎnr.

좀 더 빨리 해 주십시오.

这个贵一点儿。
Zhè ge guì yìdiǎnr.

이건 좀 비쌉니다.

请说得慢一点儿。
Qǐng shuō de màn yìdiǎnr.

좀 천천히 말씀해 주십시오.

有小一点儿的吗?
Yǒu xiǎo yìdiǎnr de ma?

좀 더 작은 게 있습니까?

▶ 一点儿은 동사나 형용사 뒤에 쓰여서 수량이 적음, 정도가 경미함을 나타
냅니다. 수사 '一'는 생략할 수 있습니다.

● 동사 + 一点儿 + (명사)
买一点儿水果。Mǎi yìdiǎnr shuǐguǒ. 과일을 좀 사다.

● 형용사 + 一点儿
大一点儿。 Dà yìdiǎnr. 좀 크다.

이렇게 쓰여요!

A 你去哪儿?
Nǐ qù nǎr?

B 火车站。对不起, 我有急事, 快一点儿
好吗?
Huǒchēzhàn. Duìbuqǐ, wǒ yǒu jíshì, kuài yìdiǎnr hǎo ma?

A 你瘦了一点儿了。
Nǐ shòu le yìdiǎnr le.

B 我在减肥呢。
Wǒ zài jiǎn féi ne.

> A 어디 가세요?
> B 기차역이요. 죄송한데요,
>   제가 급한데 좀 빨리 가 주시겠어요?
>
> A 너 살빠졌다.
> B 다이어트 중이거든.

·在 zài ~하고 있다 ·减肥 jiǎnféi 살을 빼다

도전해 보세요!

좀 일찍 오십시오.

좀 조용히 해 주십시오.

좀 기다려 주십시오.

좀 깎아주십시오.

좀 살이 쪘습니다.

早 zǎo 이르다
安静 ānjìng 조용하다
等 děng 기다리다
便宜 piányi 싸다
胖 pàng 살찌다

99

喜欢~ ~를 좋아합니다

喜欢, 不喜欢을 사용해 '좋아하다/싫어하다'라는 표현을 할 수 있습니다. 喜欢 뒤에 해당되는 내용을 서술하면 됩니다.

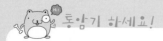 통암기 하세요!

我喜欢吃鸡肉。
Wǒ xǐhuan chī jīròu.

닭고기를 좋아합니다.

我喜欢吃葡萄。
Wǒ xǐhuan chī pútáo.

포도를 좋아합니다.

我喜欢吃辣的。
Wǒ xǐhuan chī là de.

매운 것을 좋아합니다.

我喜欢看武打片。
Wǒ xǐhuan kàn wǔdǎpiān.

액션 영화를 좋아합니다.

我喜欢喝咖啡。
Wǒ xǐhuan hē kāfēi.

커피를 좋아합니다.

▶ 爱 ài (사랑한다)를 사용해 '~를 좋아하다'라고 표현할 수 있습니다. 喜欢보다는 어감이 조금 더 강합니다.

我爱吃中国菜。 Wǒ ài chī Zhōngguócài. 중국 음식 좋아해요.
我爱看电影。 Wǒ ài kàn diànyǐng. 영화 보는 거 좋아해요.

A 你喜欢什么样的人？
Nǐ xǐhuan shénmeyàng de rén?

B 我喜欢活泼、亲切、开朗的人。
Wǒ xǐhuan huópo、 qīnqiè、 kāilǎng de rén.

A 你喜欢哪个季节？
Nǐ xǐhuan nǎ ge jìjié?

B 我最喜欢夏天, 夏天可以游泳。
Wǒ zuì xǐhuan xiàtiān, xiàtiān kěyǐ yóuyǒng.

A 넌 어떤 사람이 좋아?   A 무슨 계절 좋아해?
B 활달하고, 친절하고,   B 여름이 가장 좋아. 수영할 수 있잖아.
   명랑한 사람이 좋아.

·什么样 shénmeyàng 어떠한 ·活泼 huópo 활발하다
·开朗 kāilǎng 명랑하다 ·季节 jìjié 계절 ·可以 kěyǐ ~할 수 있다

저는 요가를 좋아합니다.

저는 초콜릿을 좋아합니다.

저는 컴퓨터 하는 것을 좋아합니다.

저는 분홍색을 좋아합니다.

저는 가을을 좋아합니다.

练 liàn 연습하다, 단련하다
瑜伽 yújiā 요가
巧克力 qiǎokèlì 초콜릿
玩 wán 놀다, 장난하다
粉红色 fēnhóngsè 분홍색
秋天 qiūtiān 가을

想 ~하고 싶습니다

능원동사 想을 사용해 바람을 나타낼 수 있습니다.

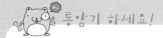

통암기 하세요!

我想去看电影。
Wǒ xiǎng qù kàn diànyǐng.

영화 보러 가고 싶습니다.

我想去看海。
Wǒ xiǎng qù kàn hǎi.

바다를 보러 가고 싶습니다.

我想在家休息。
Wǒ xiǎng zài jiā xiūxi.

집에서 쉬고 싶습니다.

我想吃中国菜。
Wǒ xiǎng chī Zhōngguócài.

중국 음식이 먹고 싶습니다.

我想见你。
Wǒ xiǎng jiàn nǐ.

당신을 만나고 싶습니다.

▶ 想

주관적인 바람을 나타내는 능원동사로 동사 앞에 놓여 '~하고 싶다, ~할 예정이다'의 의미를 나타냅니다. 부정형은 '不想'입니다.

我想去中国旅行。Wǒ xiǎng qù Zhōngguó lǚxíng. 중국으로 여행가고 싶어요.
我不想去中国旅行。중국으로 여행가고 싶지 않아요.
Wǒ bù xiǎng qù Zhōngguó lǚxíng.

想은 동사로 '그리워하다, 생각하다'의 의미로 쓰입니다.

我想你。Wǒ xiǎng nǐ. 보고 싶어요.
你想办法。Nǐ xiǎng bànfǎ. 방법을 생각해 봐.   • 办法 bànfǎ 방법

A 你想喝咖啡吗？
Nǐ xiǎng hē kāfēi ma?

B 我不想喝。
Wǒ bù xiǎng hē.

A 你长大了想做什么？
Nǐ zhǎngdà le xiǎng zuò shénme?

B 我想当作家。
Wǒ xiǎng dāng zuòjiā.

A 커피 마실래?　　　　　A 넌 커서 뭘 하고 싶어?
B 마시고 싶지 않아.　　　B 작가가 되고 싶어.

·**长大** zhǎngdà 자라다, 성장하다　·**当** dāng ~이 되다　·**作家** zuòjiā 작가

도전해 보세요!

음악을 듣고 싶습니다.

중국에 가고 싶습니다.

원피스를 사고 싶습니다.

여행을 가고 싶습니다.

운전을 배우고 싶습니다.

连衣裙 liányīqún 원피스
开车 kāi chē 운전하다

103

要 ~하려고 합니다

동사 앞에 능원동사 要를 사용해 주관적인 의지를 표현할 수 있습니다.

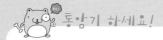 통암기 하세요!

我要结帐。
Wǒ yào jié zhàng.

계산하려고 합니다.

我要换钱。
Wǒ yào huàn qián.

환전하려고 합니다.

我要喝咖啡。
Wǒ yào hē kāfēi.

커피를 마시려고 합니다.

我要订票。
Wǒ yào dìng piào.

예매하려고 합니다.

我要给他打电话。
Wǒ yào gěi tā dǎ diànhuà.

그에게 전화를 하려고 합니다.

▶ 要의 부정형은 不想입니다.

我要去中国。 Wǒ yào qù Zhōngguó. 중국에 가려고 해요.
我不想去中国。 Wǒ bù xiǎng qù Zhōngguó. 중국에 가고 싶지 않아요.

要는 동사로 '필요하다, 원하다'의 의미도 있습니다.

你要什么? Nǐ yào shénme? 무엇이 필요하세요?

이렇게 쓰여요!

A 你要呆多久?
Nǐ yào dāi duō jiǔ?

B 四五天。
Sì-wǔ tiān.

A 暑假你要做什么?
Shǔjià nǐ yào zuò shénme?

B 我要去上海旅行。
Wǒ yào qù Shànghǎi lǚxíng.

A 얼마나 묵으실 건가요?   A 여름방학 때 너 뭐 할거야?
B 4, 5일 정도요.   B 상하이로 여행갈거야.

·暑假 shǔjià 여름방학

 Tip

▶ 대략의 수
인접한 숫자를 나열해 대략의 수를 나타낼 수 있습니다.

四五天 4, 5일
sì-wǔ tiān

八九岁 8, 9세
bā-jiǔ suì

十三四个人 13, 4명
shísān-sì ge rén

 도전해 보세요!

사진을 배우려고 합니다.

중국으로 유학 가려고 합니다.

취소하려고 합니다.

방을 예약하려고 합니다.

진찰 받으러 가려고 합니다.

照相 zhàoxiàng 사진찍다
留学 liúxué 유학하다
取消 qǔxiāo 취소하다
订 dìng 예약하다
房间 fángjiān 방
看病 kàn bìng 진찰 받다, 진찰하다

会 ~할 줄 압니다

학습을 통해 습득한 능력은 능원동사 会를 사용해 표현합니다.

 통암기 하세요!

我会说汉语。
Wǒ huì shuō Hànyǔ.

중국어를 말할 줄 압니다.

我会开车。
Wǒ huì kāi chē.

운전할 줄 압니다.

我会游泳。
Wǒ huì yóuyǒng.

수영할 줄 압니다.

我不会喝酒。
Wǒ bú huì hē jiǔ.

술을 못 마십니다.

我不会打网球。
Wǒ bú huì dǎ wǎngqiú.

테니스 칠 줄 모릅니다.

▶ 학습을 통해 '~할 수 있음'을 나타낼 때에는 会를 사용하며 부정형은
不会입니다.

我不会喝酒。Wǒ bú huì hē jiǔ. 술을 못 마십니다.

▶ 어떤 능력이 있음을 표현할 때는 능원동사 能, 可以를 사용합니다. 부
정형은 일반적으로 不能을 사용합니다.

我能考上。 Wǒ néng kǎoshàng. 시험에 합격할 수 있다.

我可以教你。 Wǒ kěyǐ jiāo nǐ. 너를 가르칠 수 있다.

A 你会说汉语吗?
Nǐ huì shuō Hànyǔ ma?

B 我会说一点儿汉语。
Wǒ huì shuō yìdiǎnr Hànyǔ.

A 你会打保龄球吗?
Nǐ huì dǎ bǎolíngqiú ma?

B 会啊。
Huì a.

A 중국어 할 수 있어요?
B 조금 할 수 있어요.

A 볼링 칠 줄 아세요?
B 네.

도전해 보세요!

워드 칠 줄 압니다.

태극권 할 줄 모릅니다.

노래 부를 줄 모릅니다.

피아노 칠 줄 압니다.

자전거 탈 줄 모릅니다.

打字 dǎ zì 타자를 치다
太极拳 tàijíquán 태극권
唱歌 chànggē 노래하다
弹 tán 켜다, 연주하다
钢琴 gāngqín 피아노
骑 qí 타다
自行车 zìxíngchē 자전거

107

会 ~일 것입니다

능원동사 숲는 어떤 가능성 또는 추측을 나타낼 수 있습니다.

동암기 하세요!

我不会忘记。
Wǒ bú huì wàngjì.

잊지 않을 겁니다.

他会来。
Tā huì lái.

그는 올 겁니다.

我不会放弃。
Wǒ bú huì fàngqì.

포기하지 않을 겁니다.

今天不会下雨。
Jīntiān bú huì xià yǔ.

오늘은 비가 오지 않을 겁니다.

我不会错的。
Wǒ bú huì cuò de.

제가 틀릴 리가 없습니다.

▶ 숲는 '~일 것이다, ~일지도 모른다'의 의미로 쓰여 어떤 가능성 또는 추측을 나타내기도 합니다. 부정형은 不会입니다.

他不会来。 Tā bú huì lái. 그는 오지 않을 거예요.

▶ 숲 앞에 가능성을 나타내는 부사 可能 kěnéng (아마도), 恐怕 kǒngpà (아마 ~일 것이다) 등이 놓일 수 있습니다.

他可能不会来。 Tā kěnéng bú huì lái. 그는 아마도 오지 않을 거예요.

A 今天会下雨吗?
Jīntiān huì xià yǔ ma?

B 听天气预报, 今天有小雨。
Tīng tiānqì yùbào, jīntiān yǒu xiǎoyǔ.

A 你看哪个队会赢?
Nǐ kàn nǎ ge duì huì yíng?

B 韩国队会赢的。
Hánguóduì huì yíng de.

A 오늘 비가 올까요?
B 일기예보 들으니까 오늘
 가랑비가 내린다던데.

A 넌 어느 팀이 이길 것 같니?
B 한국팀이 이길 거야.

·预报 yùbào 일기예보 · 小雨 xiǎoyǔ 가랑비 · 队 duì 팀 · 赢 yíng 이기다

도전해 보세요!

늦지 않을 겁니다.

그는 실수하지 않을 겁니다.

실패하지 않을 겁니다.

그는 오지 않을 겁니다.

내일 눈이 올 겁니다.

迟到 chídào 늦다, 지각하다
犯错误 fàn cuòwù 실수하다
失败 shībài 실패하다
下雪 xià xuě 눈이 내리다

109

不要 ~하지 마십시오

别 bié, 不要는 동사 앞에 놓여 금지를 나타냅니다.

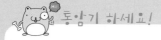

不要大声说话。
Bú yào dàshēng shuō huà.

큰소리로 말하지 마십시오.

不要忘记。
Bú yào wàngjì.

잊지 마십시오.

不要着急。
Bú yào zháojí.

조급해 하지 마십시오.

不要看电视。
Bú yào kàn diànshì.

텔레비전 보지 마십시오.

不要迟到。
Bú yào chídào.

늦지 마십시오.

▶ 别는 '~하지 마라'라는 강한 금지의 어감을 나타내며 **不要**와 같습니다.

别说。 Bié shuō. 말하지 마세요.
别笑。 Bié xiào. 웃지 마세요.
别怕。 Bié pà. 무서워하지 마세요.
别难过。 Bié nánguò. 슬퍼하지 마세요.

이렇게 쓰여요!

A 你千万要小心。
Nǐ qiānwàn yào xiǎoxīn.

B 妈妈不要担心。我都二十岁了。
Māma bú yào dānxīn.　Wǒ dōu èrshí suì le.

A 儿行千里，母担忧嘛!
Ér xíng qiānlǐ,　mǔ dānyōu ma!

A 제발 조심하거라.
B 엄마 걱정 마세요. 저도 벌써 스무살이라구요.
A 자식이 먼 길 떠나면 엄마들은 걱정하는 법이야.

· 千万 qiānwàn 부디, 제발 · 小心 xiǎoxīn 조심하다, 주의하다
· 担心 dānxīn 걱정하다 · 都 dōu 이미, 벌써 · 行 xíng 가다 · 千里 qiānlǐ 천리
· 担忧 dānyōu 걱정하다, 근심하다

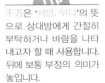

Tip

千万은 '제발, 부디'의 뜻
으로 상대방에게 간절히
부탁하거나 바람을 나타
내고자 할 때 사용합니다.
뒤에 보통 부정의 의미가
놓입니다.

千万别(不要)忘了。
Qiānwàn bié(bú yào)
 wàng le.
절대 잊지마.

도전해 보세요!

담배 피우지 마십시오.

사양하지 마십시오.

기회를 놓치지 마십시오.

상관하지 마십시오.

사진 찍지 마십시오.

抽烟 chōuyān 담배를 피우다
客气 kèqi 사양하다
错过 cuòguò 놓치다
机会 jīhuì 기회
管 guǎn 간섭하다
拍照 pāizhào 사진을 찍다

111

一定要 반드시 ~해야 합니다

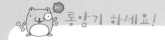

능원동사 要는 '~해야만 한다'는 당위의 뜻을 나타내기도 합니다.

통암기 하세요!

我一定要当记者。
Wǒ yídìng yào dāng jìzhě.

반드시 기자가 되어야 합니다.

我一定要好好儿照顾他。
Wǒ yídìng yào hǎohāor zhàogù tā.

그를 잘 돌봐야 합니다.

我一定要走到底。
Wǒ yídìng yào zǒudào dǐ.

꼭 끝까지 가야만 합니다.

我一定要找到他。
Wǒ yídìng yào zhǎodào tā.

꼭 그를 찾아야만 합니다.

我一定要在这儿等他。
Wǒ yídìng yào zài zhèr děng tā.

여기서 그를 기다려야만 합니다.

▶ 一定 yídìng은 '반드시, 틀림없이'라는 뜻의 부사로 주로 要 yào나 得 děi 앞에 쓰여 의미를 강조합니다.

　▶ 형용사 중첩
　형용사를 중첩해 성질이나 상태의 정도가 심함을 나타낼 수 있습니다. 단음절 형용사가 중첩되면 두 번째 음절은 제성으로 바뀌고 儿화 됩니다. 이음절 형용사는 AABB형식으로 중첩되며 두 번째 음절은 경성이 됩니다.

* 好好儿 hǎohāor 잘　* 慢慢儿 mànmānr 천천히
* 清清楚楚 qīngqingchǔchǔ 분명하다　* 高高兴兴 gāogaoxìngxìng 기쁘다

A 一个月我一定要减四公斤。
　 Yí ge yuè wǒ yídìng yào jiǎn sì gōngjīn.

B 这绝对不可能。
　 Zhè juéduì bù kěnéng.

A 这个电视剧我一定要看。
　 Zhè ge diànshìjù wǒ yídìng yào kàn.

B 明天就是考试，看什么电视剧。
　 Míngtiān jiù shì kǎoshì, kàn shénme diànshìjù.

A 한 달에 4킬로그램 빼야만 해.
B 절대 불가능해.

A 이 드라마, 꼭 봐야 돼.
B 시험이 바로 내일인데, 무슨 드
　 라마를 본다는 거야.

·减 jiǎn 줄이다 ·公斤 gōngjīn 킬로그램 ·绝对 juéduì 절대로
·可能 kěnéng 가능하다 ·电视剧 diànshìjù 드라마

난 반드시 성공해야 합니다.

남동생을 꼭 데리고 가야합니다.

열심히 공부해야만 합니다.

반드시 대학에 합격해야만 합니다.

피아노를 반드시 배워야만 합니다.

成功 chénggōng 성공하다
带 dài 데리다
努力 nǔlì 노력하다
考上 kǎoshàng 합격하다
钢琴 gāngqín 피아노

请 ~해 주세요

상대방에게 정중하게 부탁하거나 요구할 때 문두에 请을 사용합니다.

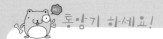 통암기 하세요!

请坐。
Qǐng zuò.

앉으세요.

请稍等。
Qǐng shāo děng.

잠시만 기다려 주세요.

请代我问候张老师。
Qǐng dài wǒ wènhòu Zhāng lǎoshī.

장 선생님께 안부 전해주세요.

请用。
Qǐng yòng.

드세요.

请跟我来。
Qǐng gēn wǒ lái.

저를 따라 오세요.

▶ 请은 단독으로 쓰이기도 하고 동사목적어를 수반하기도 합니다.

▶ 请代我问候张老师 → '请向○○问好'라고 표현할 수도 있습니다.
请向张老师问好。Qǐng xiàng Zhāng lǎoshī wèn hǎo. 장 선생님께 안부 전해주세요.

▶ 请用 → 用은 경어로 '마시다, 들다'의 뜻입니다.
请用茶。 Qǐng yòng chá. 차 드세요.

▶ 请跟我来。→ 여기서 跟은 '따라가다(하다)'의 의미입니다.
请跟我写。Qǐng gēn wǒ xiě. 저를 따라 쓰세요.

A 老师, 这个词怎么念?
　　Lǎoshī,　zhè ge cí zěnme niàn?

B 请跟我念。
　　Qǐng gēn wǒ niàn.

A 我请你吃晚饭。
　　Wǒ qǐng nǐ chī wǎnfàn.

B 真的? 吃什么呢?
　　Zhēnde?　Chī shénme ne?

A 선생님, 이 단어는 어떻게 읽어요?　　A 오늘 내가 저녁 살게.
B 나를 따라 읽어보렴.　　B 정말? 뭘 먹지?

•真的 zhēnde 정말로, 진짜로

도전해 보세요!

들어오십시오.

좀 천천히 말씀해 주십시오.

말씀하십시오.

담배를 좀 줄이십시오.

프런트 부탁합니다.

进 jìn 들어오다
慢 màn 느리다
转 zhuǎn 돌리다
服务台 fúwùtái 프런트

115

请~ 一下 좀~ 해주세요

시도나 시간의 짧음을 나타낼 때는 동사 뒤에 '一下'를 사용합니다. 정중하게
표현할 때는 문두에 请을 붙입니다.

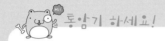
통암기 하세요!

请稍等一下。
Qǐng shāo děng yíxià.

잠시만 기다려 주세요.

请数一下。
Qǐng shǔ yíxià.

세어 보세요.

请解释一下。
Qǐng jiěshì yíxià.

설명해 주세요.

请看一下。
Qǐng kàn yíxià.

보세요.

请考虑一下。
Qǐng kǎolǜ yíxià.

생각해 보세요.

▶ '좀~하다, 해보다'라는 시도 또는 '잠시, 잠깐'과 같은 시간의 짧음을 나타낼
때는 동사 뒤에 '一下'를 사용해서 표현합니다.

▶ 等一下는 동사의 중첩형식인 等等 děngděng, 等一等 děng yi děng과 같은
뜻입니다.

이렇게 쓰여요!

A 请问一下。这儿附近有没有公共汽车站?
Qǐngwèn yíxià. Zhèr fùjìn yǒu méiyǒu gōnggòngqìchēzhàn?

B 有是有, 不过有点儿远。
Yǒu shì yǒu, búguò yǒudiǎnr yuǎn.

A 要多长时间?
Yào duō cháng shíjiān?

B 大概二十分钟左右。
Dàgài èrshí fēnzhōng zuǒyòu.

A 말씀 좀 물어볼게요, 이 근처에 버스 정류장이 있나요?
B 있긴 하지만 좀 멀어요.
A 얼마나 걸려요.
B 대략 20분이요.

· **大概** dàgài 대략

▶ ~是~
是 앞 뒤로 같은 단어를
사용해 어떤 사실을 긍정
할 수 있습니다. 뒤에는
부정의 의미가 놓입니다.

**漂亮是漂亮, 不过有
点儿贵。**
Piàoliang shì piàoliang,
búguò yǒudiǎnr guì.
예쁘긴 한데 좀 비싸네요.

도전해 보세요!

읽어보십시오.

소개해 주십시오.

(이쪽으로) 오십시오.

주소를 써 주십시오.

컵을 바꿔주십시오.

读 dú 읽다
介绍 jièshào 소개하다
过来 guòlái (화자 쪽으로)오다
地址 dìzhǐ 주소
换 huàn 바꾸다
杯子 bēizi 컵

请你~ ~해 주십시오

请을 사용해 상대방에게 정중하게 부탁하는 표현을 할 수 있습니다. 부탁하는
대상은 请 다음에 놓입니다.

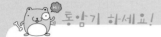 동암기 하세요!

请你放心。
Qǐng nǐ fàng xīn.

안심하세요.

请你告诉我。
Qǐng nǐ gàosu wǒ.

말해주세요.

请你说得具体一点儿。
Qǐng nǐ shuō de jùtǐ yìdiǎnr.

좀 구체적으로 말해 주세요.

请你回去。
Qǐng nǐ huíqù.

돌아가세요.

请你到韩国来。
Qǐng nǐ dào Hánguó lái.

한국으로 오세요.

▶ 来 / 去는 동사 뒤에 놓여 동작의 방향성을 나타내는 방향보어로 쓰
입니다. 방향보어에는 세 가지 종류가 있습니다.

● 1. 동사 + 来 / 去(A)
走来 zǒu lái 걸어오다

● 2. 동사 + 上 / 下 / 进 / 出 / 回 / 过 / 起 / 开(B)
走下 zǒu xià 걸어 내려오다

● 3. 동사 + (A+B의 결합형태)
走进来 zǒu jìnlái 걸어 들어오다

이렇게 쓰여요!

A 你骗我了吧?
Nǐ piàn wǒ le ba?

B 不是，请你相信我。
Bú shì, qǐng nǐ xiāngxìn wǒ.

A 为了健康，请你少抽烟。
Wèi le jiànkāng, qǐng nǐ shǎo chōu yān.

B 我从明天起要戒烟了。
Wǒ cóng míngtiān qǐ yào jiè yān le.

▶ 吧는 화자가 추측해서 물어볼 때 쓰는 의문 어기조사입니다
▶ 为了는 '~하기 위해서'의 뜻으로 목적을 나타냅니다.
▶ 从 / 打 ~ 起는 '~부터 시작해서'의 뜻으로 기점을 나타낼 때 사용합니다.

A 나 속였지?
B 아니에요, 믿어주세요.

A 건강을 위해서 담배 좀 줄이세요.
B 내일부터 끊을 거야.

·骗 piàn 속이다 ·为了 wèi le ~을 위해서 ·健康 jiànkāng 건강, 건강하다
·从 cóng ~에서부터 ·起 qǐ 시작하다

도전해 보세요!

저를 도와주십시오.

저를 믿어주십시오.

술 마시지 마십시오.

비켜주십시오.

그에게 전해주십시오.

帮助 bāngzhù 돕다
相信 xiāngxìn 믿다
让开 ràngkāi 비키다
转告 zhuǎngào 전달하다

119

请你帮我～ ～해 주십시오

'请你帮我～'는 '저를 도와서 ～을 좀 해주세요'라는 표현으로 부탁하는 내용은 부탁하는 당사자(我) 다음에 서술합니다.

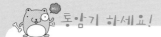

통암기 하세요!

请你帮我一个忙。
Qǐng nǐ bāng wǒ yí ge máng.

저 좀 도와주십시오.

请你帮我关窗户。
Qǐng nǐ bāng wǒ guān chuānghu.

창문 닫는 것 좀 도와주십시오.

请你帮我查资料。
Qǐng nǐ bāng wǒ chá zīliào.

자료 찾는 것 좀 도와주십시오.

请你帮我系上鞋带。
Qǐng nǐ bāng wǒ jìshang xiédài.

신발 끈 좀 묶어주십시오.

请你帮我拿行李。
Qǐng nǐ bāng wǒ ná xíngli.

짐 좀 들어주십시오.

▶ 帮忙 bāngmáng과 帮助 bāngzhù
帮助와 帮忙은 모두 '(다른 사람을) 돕다'라는 뜻이지만 목적어가 놓이는 위치가 다릅니다. 帮忙은 기타성분이 중간에 들어갈 수 있습니다.
我帮助他。 Wǒ bāngzhù tā. 나는 그를 돕는다
我帮他的忙。 Wǒ bāng tā de máng. 나는 그의 일을 돕는다.

A 你哪儿不舒服？
Nǐ nǎr bù shūfu?

B 对不起，请你帮我叫救护车。
Duìbuqǐ, qǐng nǐ bāng wǒ jiào jiùhùchē.

A 我把包忘在火车上了。请你帮我找一下。
Wǒ bǎ bāo wàng zài huǒchēshang le. Qǐng nǐ bāng wǒ zhǎo yíxià.

B 请你告诉我车次。
Qǐng nǐ gàosu wǒ chēcì.

> A 어디 불편하세요?
> B 죄송한데, 구급차 좀 불러주세요.
>
> A 제가 기차에 가방을 두고 내렸는데요. 좀 찾아주세요.
> B 열차 번호를 말씀해 주세요.

·救护车 jiùhùchē 구급차 ·包 bāo 가방 ·车次 chēcì 열차번호

도전해 보세요!

번역하는 것 좀 도와주십시오.

신청서 쓰는 것 좀 도와주십시오.

청소하는 것 좀 도와주십시오.

소포 부치는 것 좀 도와주십시오.

기차표 예매하는 것 좀 도와주십시오.

翻译 fānyi 통역, 번역하다
填 tián 기입하다
申请书 shēnqǐngshū 신청서
打扫 dǎsǎo 청소하다
寄 jì 부치다
包裹 bāoguǒ 소포
订 dìng 예약하다
火车票 huǒchēpiào 기차표

121

请给我～ 저에게 ～ 해 주십시오

'저에게 ～해 주세요', '저에게 ～을 주세요'라는 표현으로 상대방에게 부탁하거나 요구할 때 사용합니다.

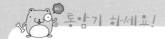 통암기 하세요!

请给我照个相。
Qǐng gěi wǒ zhào ge xiàng.

사진 좀 찍어주세요.

请给我回个电话。
Qǐng gěi wǒ huí ge diànhuà.

전화해 주세요.

请给我一点儿时间。
Qǐng gěi wǒ yìdiǎnr shíjiān.

저에게 시간 좀 주세요.

请给我一张票。
Qǐng gěi wǒ yì zhāng piào.

표 한 장 주세요.

请给我一年的时间。
Qǐng gěi wǒ yì nián de shíjiān.

일 년간 시간을 주세요.

▶ 동사에 따라 이중목적어를 취하는 경우가 있습니다. 이때 '간접목적어(~에게)'는 앞에, '직접목적어(~을)'는 뒤에 놓입니다. 이중목적어를 취하는 동사로는 给, 送, 教 등이 있습니다.

他给我一个苹果。 Tā gěi wǒ yí ge píngguǒ. 그가 나에게 사과 한 개를 주었다.
他送我生日礼物。 Tā sòng wǒ shēngrì lǐwù. 그가 나에게 생일 선물을 보낸다.
他教我汉语。 Tā jiāo wǒ Hànyǔ. 그가 나에게 중국어를 가르친다.

• 礼物 lǐwù 선물

A 请给我换一双, 这只鞋上有擦痕。
Qǐng gěi wǒ huàn yì shuāng, zhè zhī xié shang yǒu cāhén.

B 对不起, 马上就换给你。
Duìbuqǐ, mǎshàng jiù huàn gěi nǐ.

A 请给我看看裤子。
Qǐng gěi wǒ kànkan kùzi.

B 到这边来。
Dào zhèbiān lái.

A 이 신발에 흠집이 있어요.
  좀 바꿔주세요.
B 죄송합니다. 바로 바꿔드리겠습니다.

A 바지 좀 보여 주세요.
B 이쪽으로 오세요.

·马上 mǎshàng 곧, 즉시 ·擦痕 cāhén 마찰 자국

아이스크림 하나 주십시오.

저에게 답장해 주십시오.

시원한 물을 주십시오.

신문 한 부 주십시오.

과일을 사 주십시오.

冰淇淋 bīngqílín 아이스크림
回信 huí xìn 답장하다
凉水 liángshuǐ 냉수, 찬물
份 fèn (신문, 문건을 세는 양사)부
报纸 bàozhǐ 신문
水果 shuǐguǒ 과일

祝你 ~하길 빕니다

祝는 문두에 놓여 바람이나 축원의 내용을 나타냅니다.

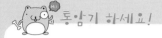 통암기 하세요!

祝你成功!
Zhù nǐ chénggōng!

성공하세요!

祝你一路平安!
Zhù nǐ yí lù píng'ān!

여행 중 평안하시길 빌어요!

祝你健康!
Zhù nǐ jiànkāng!

건강하세요!

祝你生日快乐!
Zhù nǐ shēngrì kuàilè!

생일 축하해요!

祝你一切顺利!
Zhù nǐ yíqiè shùnlì!

모든 일이 순탄하기를 빕니다!

▶ '~하기를 바랍니다'는 '我希望~'이라고 표현합니다. '축하합니다'는 '祝贺
你' 또는 '恭喜, 恭喜'라고 합니다.

希望你早日恢复。Xīwàng nǐ zǎorì huīfù. 빨리 회복하길 바래.

• 希望 xīwàng 희망하다, 바라다 • 祝贺 zhùhè 축하하다
• 恭喜 gōngxǐ 축하하다 • 恢复 huīfù 회복하다

A 你什么时候考试?
Nǐ shénme shíhou kǎoshì?

B 就是明天。
Jiù shì míngtiān.

A 祝你取得好成绩。
Zhù nǐ qǔdé hǎo chéngjì.

B 谢谢。
Xièxie.

A 언제 시험 보니?
B 바로 내일이에요.
A 좋은 성적 거두길 바래.
B 고마워요.

·取得 qǔdé 얻다

 도전해 보세요!

행운을 빕니다.

가정이 행복하기를 빕니다.

하루 빨리 건강 회복하십시오.

건강하게 오래 사십시오.

좋은 꿈꾸십시오.

走运 zǒu yùn 운이 좋다
家庭 jiātíng 가정
幸福 xìngfú 행복하다
早日 zǎorì 조속한 시일
康复 kāngfù 건강을 회복하다
长寿 chángshòu 장수하다
梦 mèng 꿈

谢谢 고맙습니다

단독으로 쓰거나, 谢谢 다음에 감사하는 대상이나 내용을 서술해 감사의 표현
을 나타냅니다.

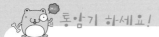 통암기 하세요!

谢谢你。
Xièxie nǐ.

고맙습니다.

谢谢各位。
Xièxie gèwèi.

여러분 감사합니다.

谢谢大家。
Xièxie dàjiā.

모두 감사드립니다.

谢谢你的关照。
Xièxie nǐ de guānzhào.

돌봐 주셔서 감사합니다.

谢谢你的邀请。
Xièxie nǐ de yāoqǐng.

초대해 주셔서 감사합니다.

▶ 谢谢의 대답으로는 '不客气', '没什么', '不谢'가 있습니다.

• 不客气 bú kèqi 천만에요 • 没什么 méishénme 상관없다, 괜찮다

이렇게 쓰여요!

A 请问, 售票处在哪儿?
Qǐngwèn, shòupiàochù zài nǎr?

B 给您带路。
Gěi nín dài lù.

A 谢谢。
Xièxie.

B 没什么。
Méishénme.

> A 매표소가 어디에 있어요?
> B 제가 안내해드리겠습니다.
> A 감사합니다.
> B 천만에요.

·带路 dài lù 길을 안내하다

도전해 보세요!

관심을 가져 주셔서 감사합니다.

도와주셔서 감사합니다.

호의에 감사 드립니다.

답장 고맙습니다.

선물 고맙습니다.

大家 dàjiā 모두
关心 guānxīn 관심을 갖다,
관심을 기울이다
帮助 bāngzhù 도움
好意 hǎoyì 호의
礼物 lǐwù 선물

我觉得~ ~라고 생각합니다

자신의 생각이나 느낌을 표현할 때 사용합니다. 반드시 동사구나 절을 목적어로 가집니다.

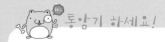 통암기 하세요!

我觉得不太难。
Wǒ juéde bú tài nán.

그다지 어렵지 않다고 생각합니다.

我觉得非常幸运。
Wǒ juéde fēicháng xìngyùn.

운이 아주 좋다고 생각합니다.

我觉得你能帮助我。
Wǒ juéde nǐ néng bāngzhù wǒ.

당신이 날 도울 수 있다고 생각합니다.

我觉得这不是问题。
Wǒ juéde zhè bú shì wèntí.

이건 문제가 아니라고 생각합니다.

我觉得留胡子好看。
Wǒ juéde liú húzi hǎokàn.

수염을 기르는 편이 멋질 거라고 생각합니다.

▶ 觉得는 단정적인 어기를 나타내지 않습니다. 또 '~라고 느끼다'는 뜻으로도 쓰입니다.

觉得累。 juéde lèi. 피곤하다.
觉得热 juéde rè 덥다.
觉得很不好意思 juéde hěn bùhǎo yìsi 너무 부끄럽다.
• 不好意思 bùhǎo yìsi 부끄럽다, 쑥스럽다, 창피스럽다

A 你觉得他人怎么样?
Nǐ juéde tā rén zěnmeyàng?

B 他长得很帅, 又温柔体贴。
Tā zhǎng de hěn shuài, yòu wēnróu tǐtiē.

A 你怎么了?
Nǐ zěnme le?

B 我觉得头晕, 想吐。
Wǒ juéde tóu yūn, xiǎng tù.

A 너는 그를 어떻게 생각하니?   A 왜 그래?
B 잘 생긴데다 따뜻하고 자상해.   B 어지럽고 토하고 싶어

·长 zhǎng 생기다 ·温柔 wēnróu 따뜻하고 상냥하다 ·体贴 tǐtiē 자상하다
·头 tóu 머리 ·晕 yūn 어지럽다 ·吐 tù (의지에 상관없이)구토하다

도전해 보세요!

스트레스가 많은 것 같습니다.

이 일은 너무 고된 것 같습니다.

그의 아이디어가 괜찮은 것 같습니다.

그런 대로 괜찮은 것 같습니다.

우리가 해낼 수 있다고 생각합니다.

压力 yālì 스트레스
种 zhǒng 종류
辛苦 xīnkǔ 고생스럽다, 고되다
主意 zhǔyi 아이디어
做得到 zuòdedào 해낼 수 있다

129

打算~ ~할 계획(예정)입니다

계획이나 생각을 표현할 때 '我打算~'을 써서 '~할 계획이다. 작정이다'라고 합니다.

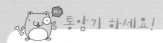 통암기 하세요!

我打算坐飞机去。
Wǒ dǎsuan zuò fēijī qù.

비행기 타고 갈 계획입니다.

我打算在这儿住几天。
Wǒ dǎsuan zài zhèr zhù jǐ tiān.

여기서 며칠 묵을 계획입니다.

我打算去中国旅行。
Wǒ dǎsuan qù Zhōngguó lǚxíng.

중국으로 여행 갈 계획입니다.

我打算明天回去。
Wǒ dǎsuan míngtiān huíqù.

내일 돌아갈 계획입니다.

我打算跟他一起去。
Wǒ dǎsuan gēn tā yìqǐ qù.

그와 함께 갈 생각입니다.

▶ 打算은 '생각. 계획. 계획하다'라는 명사. 동사의 뜻이 모두 있습니다.

你有你的主意, 我有我的打算。
Nǐ yǒu nǐ de zhǔyi, wǒ yǒu wǒ de dǎsuàn
네게는 네 생각이 있고, 나는 내 생각이 있다.

你打算怎么办。 너는 어떻게 할 거니?
Nǐ dǎsuàn zěnm bàn?

이렇게 쓰여요!

A 快要毕业了, 找什么工作好呢?
Kuàiyào bìyè le, zhǎo shénme gōngzuò hǎo ne?

B 你打算怎么样, 认真想一想。
Nǐ dǎsuan zěnmeyàng, rènzhēn xiǎng yi xiǎng.

A 你打算在上海逗留多少天?
Nǐ dǎsuan zài Shànghǎi dòuliú duōshao tiān?

B 一个多星期。
Yí ge duō xīngqī.

Tip

▶ 多를 사용한 어림수 표현
多는 수사 혹은 양사 뒤에
쓰여 어림수를 나타냅니다.

四十多块
sìshí duō kuài
40여 원
一个多星期
yí ge duō xīngqī
1주일 정도

▶ 想一想
동사 사이에 '一'를 삽입하
면 '한번~해 보다'의 의미
를 나타냅니다.

A 곧 졸업인데 어떤 직장을
찾아야 좋을까?
B 어떻게 할지 곰곰이 생각해봐.

A 상하이에 며칠 머무를 작정이야?
B 일주일쯤.

·认真 rènzhēn 진지하다, 성실하다 ·快要 kuàiyào 머지않아, 곧
·逗留 dòuliú 머무르다 ·多 duō 남짓, 쯤

도전해 보세요!

생일을 어떻게 보낼 계획입니까?

겨울방학 때 무엇을 할 생각입니까?

몇 시에 갈 계획입니까?

기타를 배울 계획입니다.

그와 상의할 생각입니다.

过 guò 보내다
寒假 hánjià 겨울방학
做 zuò 하다
什么 shénme 무엇
吉他 jítā 기타
商量 shāngliang 의논하다

131

如果~(的话) 만일 ~ 하다면

'如果~ 的话'를 사용해 가정, 가설 표현을 할 수 있습니다. 주어는 如果 앞이나 뒤에 놓일 수 있으며 가정, 가설의 내용은 如果 다음에 놓입니다.

 통암기 하세요!

如果有空儿的话, 给我打电话吧。
Rúguǒ yǒu kòngr de huà,　　 gěi wǒ dǎ diànhuà ba.

시간 있으면 저한테 전화 주십시오.

如果身体还行的话, 会参加比赛的。
Rúguǒ shēntǐ hái xíng de huà,　　 huì cānjiā bǐsài de.

몸이 괜찮으면 시합에 참가할 겁니다.

如果不想骑车的话, 坐车去吧。
Rúguǒ bù xiǎng qí chē de huà,　　 zuò chē qù ba.

자전거 타고 싶지 않으면 차를 타고 갑시다.

如果下雨的话, 明天去吧。 비 오면 내일 갑시다.
Rúguǒ xià yǔ de huà,　　 míngtiān qù ba.

如果有机会的话, 希望你到韩国去看看。
Rúguǒ yǒu jīhuì de huà,　　 xīwàng nǐ dào Hánguó qù kànkan.

기회가 있으면 한국에 한번 가보십시오.

▶ 如果와 的话는 둘 중 하나를 생략해도 됩니다. 또 如果 대신 '要是yàoshi (만일)'를 사용해도 뜻은 같습니다.

如果下雨的话, 明天去吧。 비 오면 내일 가자.
Rúguǒ xià yǔ de huà, míngtiān qù ba.

如果下雨, 明天去吧。 Rúguǒ xià yǔ, míngtiān qù ba. 비 오면 내일 가자.
下雨的话, 明天去吧。 Xià yǔ de huà, míngtiān qù ba. 비 오면 내일 가자.

A 如果你是我的话，要怎么做？
Rúguǒ nǐ shì wǒ de huà, yào zěnme zuò?

B 我不会错过这次机会的。
Wǒ bú huì cuòguò zhè cì jīhuì de.

A 如果我没猜错的话，你是跟小王结婚的吧。
Rúguǒ wǒ méi cāicuò de huà, nǐ shì gēn Xiǎowáng jiéhūn de ba?

B 你的记性真好。
Nǐ de jìxìng zhēn hǎo.

A 네가 나라면 어떻게 할거야?
B 이번 기회를 놓치지 않을 거야.

A 내 추측이 맞는다면 너 샤오왕이랑 결혼했지?
B 기억력 정말 좋다.

·错过 cuòguò 놓치다 ·猜 cāi 추측하다 ·记性 jìxìng 기억력

도전해 보세요!

차를 타면 10분밖에 안 걸립니다.

관심 있으면 저기 가서 한번 해 보십시오.

급한 일 있으면 먼저 가십시오.

시간이 부족하면 연장할 수 있습니다.

못 믿겠으면 당신이 한번 보십시오.

只 zhǐ 단지
需要 xūyào 필요하다
感兴趣 gǎn xìngqù 흥미를 느끼다
够 gòu 충분하다
延长 yáncháng 연장하다
信 xìn 믿다

133

比 ~보다

'比'를 사용해 두 가지를 비교하는 표현을 할 수 있습니다.

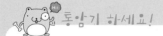

我比他高一点儿。
Wǒ bǐ tā gāo yìdiǎnr.

내가 그보다 좀 큽니다.

今天比昨天更冷。
Jīntiān bǐ zuótiān gèng lěng.

오늘은 어제보다 더 춥습니다.

打网球比踢足球更喜欢。
Dǎ wǎngqiú bǐ tī zúqiú gèng xǐhuan.

테니스가 축구보다 더 좋습니다.

我比他大两岁。
Wǒ bǐ tā dà liǎng suì.

제가 그보다 두 살 많습니다.

健康比金钱更重要。
Jiànkāng bǐ jīnqián gèng zhòngyào.

건강이 돈보다 더 중요합니다.

▶ 비교문
비교문은 'A + 比 + B + 차이(비교 내용)'의 형식을 취하며 很, 非常과 같이 정
도를 나타내는 부사는 사용하지 않습니다. 점층을 나타내는 부사 还, 更은
사용할 수 있습니다.
今天比昨天更热。 Jīntiān bǐ zuótiān gèng rè. 오늘은 어제보다 더 덥다.

▶ 비교문을 부정하려면 没有를 쓰거나, 比 앞에 不를 쓰면 되는데, 이 두 부
정형태는 의미상 차이가 있습니다.
今天不比昨天热。 오늘은 어제보다 덥지 않다.(오늘은 어제와 비슷하게 덥다)
Jīntiān bù bǐ zuótiān rè.
今天没有昨天热。 오늘은 어제만큼 덥지 않다.(오늘이 어제보다는 시원하다)
Jīntiān méiyǒu zuótiān rè.

A 你那儿好找工作吗?
Nǐ nàr hǎozhǎo gōngzuò ma?

B 比去年更不景气。 很难找工作。
Bǐ qùnián gèng bù jǐngqì. Hěn nánzhǎo gōngzuò.

A 后天有空儿吗?
Hòutiān yǒu kòngr ma?

B 从明天就要一天比一天忙了。
Cóng míngtiān jiùyào yì tiān bǐ yì tiān máng le.

A 그쪽은 직장 구하기가 쉬워? A 모레 시간 있어?
B 작년보다 더 불경기라   B 내일부터 갈수록 바빠질 거야.
　직장 구하기가 어려워.

· 不景气 bùjǐngqì 불경기이다 · 就要 ~ 了 jiùyào ~ le 곧 ~ 하려고 한다
· 一天比一天 yì tiān bǐ yì tiān 나날이, 날로

도전해 보세요!

내가 그보다 나이가 좀 많습니다.

오늘은 어제보다 5도 높습니다.

이것은 저것보다 더 비쌉니다.

그는 나보다 단 것을 더 좋아합니다.

나는 그보다 일찍 일어났습니다.

度 dù 도
甜的 tián de 달콤한 것
起 qǐ 일어나다

인칭대명사와 지시대명사
가 결합해 장소를 나타냅
니다.
你们 + 那儿
너희들 + 거기(너희들이
있는 그 곳)

135

跟~ 一样 ~와 같습니다

'(A)+跟/和+B+一样'을 사용해 비교 내용이 동일함을 나타낼 수 있습니다.

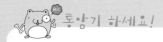 통암기 하세요!

真跟到自己家里一样。
Zhēn gēn dào zìjǐ jiāli yíyàng.

집에 온 것과 같습니다.

跟去年一样。
Gēn qùnián yíyàng.

작년과 같습니다.

我的帽子跟你的一样。
Wǒ de màozi gēn nǐ de yíyàng.

내 모자는 당신 것과 똑같습니다.

跟中国习惯一样。
Gēn Zhōngguó xíguàn yíyàng.

중국 습관과 같습니다.

跟我想的一样。
Gēn wǒ xiǎng de yíyàng.

내가 생각했던 것과 같습니다.

▶ A+跟/和+B+一样 A는 B와 같다

我的帽子跟你的一样。 내 모자는 네 것과 똑같아.
Wǒ de màozi gēn nǐ de yíyàng.

▶ 부정 부사 不는 一样 앞에 놓습니다.

我的帽子和你的不一样。 내 모자는 네 것과 달라.
Wǒ de màozi hé nǐ de bù yíyàng.

A 他今年多大?
　Tā jīnnián duō dà?

B 他跟我一样大。
　Tā gēn wǒ yíyàng dà.

A 你看，她长得跟小丽一模一样。
　Nǐ kàn, tā zhǎng de gēn Xiǎolì yì mú yí yàng.

B 你不知道小丽是双胞胎吗？她是小丽
　的妹妹。
　Nǐ bù zhīdào Xiǎolì shì shuāngbāotāi ma? Tā shì Xiǎolì de mèimei.

> A 그는 올해 몇이야?　　A 저기 봐, 저 여자 샤오리랑 완전 똑같이 생겼어.
> B 나랑 같아.　　　　　B 너 샤오리가 쌍둥이인 거 몰랐어? 그녀는 샤
> 　　　　　　　　　　　　오리 여동생이야.

· 一模一样 yì mú yí yàng 모양이 완전히 같다 · 双胞胎 shuāngbāotāi 쌍둥이

도전해 보세요!

어제와 같습니다.

인형과 똑같습니다.

평상시와 같습니다.

내 생각은 그와 같습니다.

새 것 같습니다.

娃娃 wáwá 인형
平常 píngcháng 평소
想法 xiǎngfǎ 생각, 의견
新的 xīn de 새 것, 새로운 것

137

在~呢 ~하고 있습니다

'在'는 동작의 진행이나 상태를 나타내며 동사 앞에 놓입니다. 문미에 진행을 의미하는 어기조사 呢는 생략할 수 있습니다.

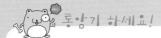 통암기 하세요!

他在打电话呢。
Tā zài dǎ diànhuà ne.

그는 전화를 하고 있습니다.

他在唱歌呢。
Tā zài chàng gē ne.

그는 노래를 부르고 있습니다.

他在吃饭呢。
Tā zài chī fàn ne.

그는 밥 먹고 있습니다.

他在睡觉呢。
Tā zài shuìjiào ne.

그는 자고 있습니다.

他在大学读书呢。
Tā zài dàxué dú shū ne.

그는 대학에서 공부하고 있습니다.

▶ 진행 표현
　 在 대신에 正在를 써도 되고, 뒤의 呢는 생략할 수 있습니다.
● 正 / 正在 / 在 + 동사 + 呢
　 我(正)在看书呢。 Wǒ (zhèng)zài kàn shū ne. 책을 보고 있어요.
　 他睡觉呢。Tā shuìjiào ne. 그는 자고 있어요.

▶ 부정은 没(有)를 사용하고 '正 / 正在 / 在 / 呢'를 생략합니다.
　 我没有看书, 在看电视呢。 책을 읽지 않고 텔레비전을 보고 있어요.
　 Wǒ méiyǒu kàn shū, zài kàn diànshì ne.

▶ 동작의 진행은 현재, 과거, 미래의 상황에도 사용할 수 있습니다.

이렇게 쓰여요!

A 你在做什么呢?
Nǐ zài zuò shénme ne?

B 我在玩游戏。
Wǒ zài wán yóuxì.

A 十年后，我们在做什么呢?
Shí nián hòu, wǒmen zài zuò shénme ne?

B 我可能成为播音员。
Wǒ kěnéng chéngwéi bōyīnyuán.

| A 너 뭐해? | A 10년후에 우리 뭘 하고 있을까? |
| B 게임하고 있어. | B 난 아마 아나운서가 되어 있을꺼야. |

·游戏 yóuxì 게임 ·成为 chéngwéi ~이 되다 ·播音员 bōyīnyuán 아나운서

도전해 보세요!

그는 당신을 기다리고 있습니다.

그는 기타를 치고 있습니다.

그는 표를 찾고 있습니다.

그는 쉬고 있습니다.

그는 테니스를 치고 있습니다.

弹 tán (악기를)치다, 타다
吉他 jítā 기타
找 zhǎo 찾다
票 piào 표
休息 xiūxi 쉬다
打网球 dǎ wǎngqiú
테니스를 치다

139

了 ~했습니다

동사 뒤에 놓여 동작의 완료 상황을 나타냅니다.

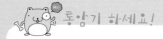 통암기 하세요!

我打了个电话。
Wǒ dǎ le ge diànhuà.

전화를 했습니다.

我买了一台电视。
Wǒ mǎi le yì tái diànshì.

텔레비전을 한 대 샀습니다.

我认识了很多朋友。
Wǒ rènshi le hěn duō péngyou.

많은 친구들을 알게 됐습니다.

我吃了一碗面条。
Wǒ chī le yì wǎn miàntiáo.

국수 한 그릇을 먹었습니다.

我朋友来韩国了。
Wǒ péngyou lái Hánguó le.

내 친구가 한국에 왔습니다.

▶ 부정은 没(有)를 쓰고 了는 생략합니다.
我没有看中国电影。 중국 영화를 보지 않았다.
Wǒ méiyǒu kàn Zhōngguó diànyǐng.

의문문은 문미에 '吗'나 '~没有'를 붙이면 됩니다

일상적이고 습관적인 상황일 경우에는 了를 쓰지 않습니다.
他常常打了网球。(X) • 常常 chángcháng 자주

▶ 어기 조사 了
문장 끝에 놓여 어떤 일이 이미 발생했거나 상황의 변화를 나타냅니다.
我结婚了。 Wǒ jiéhūn le. 결혼했어요.
秋天了。Qiūtiān le. 가을이에요.

이렇게 쓰여요!

A 这部电影, 你看了没有?
Zhè bù diànyǐng, nǐ kàn le méiyǒu?

B 我还没看呢, 你也还没看的话, 跟我一
起去看吧。
Wǒ hái méi kàn ne, nǐ yě hái méi kàn de huà, gēn wǒ yìqǐ qù kàn ba.

A 小丽到哪儿去了?
Xiǎolì dào nǎr qù le?

B 她身体不舒服, 到医院去了。
Tā shēntǐ bù shūfu, dào yīyuàn qù le.

A 너 이 영화 봤어?
B 아직 못 봤어. 너두 안 봤으면
나랑 같이 보러 가자.

A 샤오리는 어디 갔어?
B 몸이 안 좋아서 병원 갔어.

还는 '또, 더'외에도 '아직',
'여전히'의 의미로도 사용
됩니다.

他还睡觉呢。
Tā hái shuìjiào ne.
그는 아직 잠자고 있다.

他还年轻。
Tā hái niánqīng.
그는 여전히 젊다.

도전해 보세요!

나는 소설책 두 권을 샀습니다.

졸업했습니다.

결혼했습니다.

늦었습니다.

그와 헤어졌습니다.

小说 xiǎoshuō 소설
毕业 bìyè 졸업하다
结婚 jiéhūn 결혼하다
迟到 chídào 늦다
分手 fēnshǒu 헤어지다

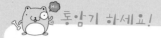

过 ~한 적 있습니다

过는 동사 뒤에 쓰여 경험을 나타냅니다.

동암기 하세요!

我学过太极拳。
Wǒ xué guo tàijíquán.

태극권을 배운 적이 있습니다.

我去过香港。
Wǒ qù guo Xiānggǎng.

홍콩에 가 봤습니다.

我说过假话。
Wǒ shuō guo jiǎhuà.

거짓말을 한 적이 있습니다.

我吃过北京烤鸭。
Wǒ chī guo Běijīng kǎoyā.

북경 오리구이를 먹어 본 적 있습니다.

这部电影我已经看过了。
Zhè bù diànyǐng wǒ yǐjīng kàn guo le.

이 영화, 저는 이미 봤습니다.

▶ 동태 조사 过는 동사 뒤에 놓여 과거의 경험을 나타내고 부정은 '没'를 사용합니다.

我没看过中国小说。 중국 소설을 읽은 적이 없어요.
Wǒ méi kàn guo Zhōngguó xiǎoshuō.

의문문은 문미에 '吗'를 붙이거나 정반의문문 형식 '~过~没有'를 사용합니다.

你看过中国小说吗? 중국 소설을 읽은 적이 있나요?
Nǐ kàn guo Zhōngguó xiǎoshuō ma?

你看过中国小说没有? 중국 소설을 읽은 적이 있나요?
Nǐ kàn guo Zhōngguó xiǎoshuō méiyǒu?

A 我给你打过好几次电话。
Wǒ gěi nǐ dǎ guo hǎo jǐ cì diànhuà.

B 对不起，今天没带手机。
Duìbuqǐ,　jīntiān méi dài shǒujī.

A 他过得怎么样?
Tā guò de zěnmeyàng?

B 你没听过他的消息吗? 他去中国留学了。
Nǐ méi tīng guo tā de xiāoxi ma? Tā qù Zhōngguó liúxué le.

A 너한테 여러 번 전화했었는데.　A 그는 어떻게 지내?
B 미안, 오늘 핸드폰을 안 가져갔어. B 소식 못 들었어? 중국으로 유
　　　　　　　　　　　　　　　학갔잖아.

·过 guò 지내다 ·带 dài 지니다 ·消息 xiāoxi 소식

도전해 보세요!

치파오를 입어 본 적이 있습니다.

실수한 적이 있습니다.

당신을 속인 적이 있습니다.

그를 본 적이 있습니다.

뚱뚱했던 적이 있습니다.

旗袍 qípáo 치파오
犯错 fàn cuò 잘못하다, 실수하다
骗 piàn 속이다
胖 pàng 뚱뚱하다, 살찌다

143

就要 ~ 了 곧 ~ 할 것입니다

就要~了는 임박형을 나타내는 표현으로 어떤 상황이 곧 다가옴을 나타냅니다.

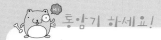 통암기 하세요!

天就要亮了。
Tiān jiùyào liàng le.

날이 곧 밝습니다.

火车就要开了。
Huǒchē jiùyào kāi le.

기차가 곧 출발합니다.

就要三十了。
Jiùyào sānshí le.

곧 서른입니다.

演出就要开始了。
Yǎnchū jiùyào kāishǐ le.

공연이 곧 시작합니다.

2006年就要过去了。
Èrlínglíngliù nián jiùyào guòqù le.

2006년이 곧 지나갑니다.

▶ 要~了, 快~了, 快要~了, 就要~了, 将要~了는 모두 임박형을 나타냅니다. 앞에 '马上mǎshàng (곧, 즉시)', '眼看yǎnkàn (곧, 순식간에)' 등의 시간부사를 사용하면 보다 절박한 느낌을 나타낼 수 있습니다. 将要~了는 문어체에 주로 쓰입니다.

马上要起飞了。 Mǎshàng yào qǐ fēi le. 곧 이륙합니다.

▶ 快~了, 快要~了 앞에는 시간사가 올 수 없으며, 就要~了 앞에만 올 수 있습니다.
他八点快来了。(X)
他八点就要来了。(O) Tā bā diǎn jiùyào lái le. 그는 8시에 올 거야.

A 快要八点了。 他怎么还没来。
Kuàiyào bā diǎn le. Tā zěnme hái méi lái.

B 你看, 他跑过来呢。
Nǐ kàn, tā pǎo guòlái ne.

A 小丽就要过生日了。 送什么礼物呢?
Xiǎolì jiùyào guò shēngrì le. Sòng shénme lǐwù hǎo ne?

B 她喜欢听音乐, 送唱片怎么样?
Tā xǐhuan tīng yīnyuè, sòng chàngpiàn zěnmeyàng?

A 곧 8시야.	A 곧 샤오리 생일인데 뭘 선물할까?
그는 왜 아직 안 오는 거야.	B 음악 듣는 거 좋아하니까 음반을
B 저기 뛰어오는데.	선물하는 게 어때?

•跑 pǎo 뛰다, 달리다 •唱片 chàngpiàn 음반

도전해 보세요!

곧 결혼합니다.

곧 시험입니다.

곧 끝납니다.

눈이 올 것 같습니다.

곧 설 명절이 다가옵니다.

结婚 jiéhūn 결혼하다
考试 kǎoshì 시험보다
结束 jiéshù 마치다
下雪 xià xuě 눈내리다
春节 Chūnjié 설날

一边~ 一边~ ~하면서 ~합니다

一边~, 一边~ 뒤에 상황을 서술해 동시에 여러 가지 상황이 발생함을 나타낼
수 있습니다.

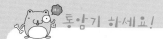 통암기 하세요!

他一边点头，一边说。
Tā yìbiān diǎn tóu, yìbiān shuō.

그는 고개를 끄덕이며 말합니다.

她一边跟我聊天，一边打扫。
Tā yìbiān gēn wǒ liáotiān, yìbiān dǎsǎo.

그녀는 나와 이야기하면서 청소합니다.

他一边说，一边给大家盛汤。
Tā yìbiān shuō, yìbiān gěi dàjiā chéng tāng.

그는 이야기하면서 사람들에게 국을 담아줍니다.

他们俩一边走，一边开玩笑。
Tāmen liǎ yìbiān zǒu, yìbiān kāi wánxiào.

그들 두 사람은 걸으면서 농담을 주고받습니다.

他一边看报，一边吸着烟。
Tā yìbiān kàn bào, yìbiān xīzhe yān.

그는 신문을 보면서 담배를 핍니다.

▶ '一边~一边~'은 두 가지 이상의 동작이 동시에 이루어짐을 나타냅니다. 동
시에 이루어질 수 없는 동작에는 사용할 수 없습니다.

他一边哭，一边笑。(X)

▶ 着는 동사 뒤에 쓰여 동작의 진행, 지속과 상태를 나타냅니다.

他看着书呢。 Tā kànzhe shū ne. 그는 책을 보고 있다.
他在椅子上坐着。 Tā zài yǐzishang zuòzhe. 그가 의자에 앉아 있다.

이렇게 쓰여요!

A 一边听音乐，一边学习，效果好吗?
Yìbiān tīng yīnyuè, yìbiān xuéxí, xiàoguǒ hǎo ma?

B 很不错。 你也试一试吧。
Hěn búcuò.　　Nǐ yě shì yi shì ba.

A 你为什么想当导游?
Nǐ wèishénme xiǎng dāng dǎoyóu?

B 一边旅游，一边赚钱嘛!
Yìbiān lǚyóu,　　yìbiān zhuàn qián ma!

> A 노래들으면서 숙제하면 능률이 오르니?　A 왜 가이드가 되고 싶어?
> B 아주 좋아. 너도 한번 해봐.　　　　　　　B 여행하면서 돈도 벌잖아!

· **效果** xiàoguǒ 효과 · **导游** dǎoyóu 여행 가이드 · **旅游** lǚyóu 여행하다
· **赚钱** zhuàn qián 돈을 벌다

도전해 보세요!

그는 노래를 부르면서 춤을 춥니다.

그는 말하면서 운전을 합니다.

나는 땀을 닦으면서 그를 봅니다.

나는 음악을 들으면서 책을 읽습니다.

그는 커피를 마시면서 친구와 이야기합니다.

跳舞 tiàowǔ 춤추다
开车 kāi chē 운전하다
擦 cā 닦다, 지우다
汗 hàn 땀
聊天 liáotiān 잡담(이야기)하다

又~又~ ~하기도 하고 ~하기도 합니다

'又~又~' 표현을 통해 여러 가지 상황을 나열할 수 있습니다.

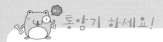 통암기 하세요!

这件衣服又漂亮又便宜。
Zhè jiàn yīfu yòu piàoliang yòu piányi.

이 옷은 예쁘고 쌉니다.

我又高兴又难过。
Wǒ yòu gāoxìng yòu nánguò.

기쁘기도 하고 괴롭기도 합니다.

这家餐厅的菜又好吃又便宜。
Zhè jiā cāntīng de cài yòu hǎochī yòu piányi.

이 레스토랑의 음식은 맛있고도 쌉니다.

他又是公司职员，又是学生。
Tā yòu shì gōngsī zhíyuán, yòu shì xuésheng.

그는 회사원이면서 학생입니다.

我又要打工，又要学习。
Wǒ yòu yào dǎ gōng, yòu yào xuéxí.

아르바이트도 해야하고 공부도 해야합니다.

▶ '又~又~'는 '~하기도 하고 ~하기도 하다'라는 뜻으로 앞 뒤 구분없이 몇 가지 동작이나 상황이 동시에 발생함을 나타냅니다.

他又累又忙。Tā yòu lèi yòu máng. 그는 피곤하기도 하고 바쁘기도 합니다.

▶ 又는 서로 관련된 두 가지 일을 동시에 긍정함을 나타내기도 합니다.

那里空气新鲜，又很安静。 그곳은 공기도 맑고, 조용합니다.
Nàli kōngqì xīnxiān, yòu hěn ānjìng.

A 你为什么喜欢他？
Nǐ wèishénme xǐhuan tā?

B 他又帅又有幽默感。
Tā yòu shuài yòu yǒu yōumògǎn.

A 这次旅行怎么样？
Zhè cì lǚxíng zěnmeyàng?

B 又愉快又有意思。
Yòu yúkuài yòu yǒuyìsi.

A 너는 그를 왜 좋아하니?
B 잘 생겼고 유머러스하잖아.

A 이번 여행 어땠어?
B 즐겁고 재미있었어

· 幽默感 yōumògǎn 유머가 있다 · 愉快 yúkuài 기분이 좋다, 유쾌하다

그의 딸은 똑똑하고 귀엽습니다.

이 음식은 달고 시큼합니다.

배고프고 피곤합니다.

요가를 하면 스트레스를 해소할 수 있고 살을 뺄 수도 있습니다.

그의 방은 더럽고 냄새가 납니다.

聪明 cōngming 똑똑하다
酸 suān 시다
累 lèi 피곤하다
练瑜伽 liàn yújiā 요가하다
消除 xiāochú 해소하다
压力 yālì 스트레스
减肥 jiǎnféi 다이어트하다
脏 zāng 더럽다, 지저분하다
臭 chòu 구리다, 더럽다

149

吧 ~하십시오/~합시다

문미에 吧를 붙여 상대방에게 제안하거나 명령하는 어기를 나타낼 수 있습니다.

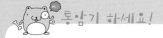 통암기 하세요!

你说吧。
Nǐ shuō ba.

말씀하십시오.

我们快走吧。
Wǒmen kuài zǒu ba.

우리 빨리 갑시다.

今天谈到这儿吧。
Jīntiān tándào zhèr ba.

오늘은 여기까지 합시다.

明天再说吧。
Míngtiān zài shuō ba.

내일 다시 이야기합시다.

我们休息一会儿吧。
Wǒmen xiūxi yíhuìr ba.

우리 잠깐 좀 쉽시다.

▶ 吧의 용법
문장 끝에 쓰여 제안, 권유, 명령, 독촉의 의미를 나타냅니다.

快走吧。 Kuài zǒu ba. 빨리 갑시다.

咱们明天去吧。 Zánmen míngtiān qù ba. 우리 내일 가자.

문장 끝에 쓰여 추측을 나타내기도 합니다.

你是韩国人吧? Nǐ shì Hánguórén ba? 한국인이시죠?

A 现在几点了?
Xiànzài jǐ diǎn le?

B 快要八点了。
Kuàiyào bā diǎn le.

A 快走吧。 要不, 我们赶不上火车了。
Kuài zǒu ba. Yàobù, wǒmen gǎnbushàng huǒchē le.

A 지금 몇 시야?
B 곧 8시야.
A 빨리 가자. 안 그러면 기차 시간에 늦어.

·赶不上 gǎnbushàng 시간에 대지 못하다 ·要不 yàobù 그렇지 않으면

도전해 보세요!

들어오십시오.

빨리 차에 타십시오.

잠시만 기다리십시오.

우리 등산 갑시다.

赶快 gǎnkuài 빨리, 어서
一会儿 yíhuir 잠시
爬山 pá shān 등산, 등산하다
先 xiān 먼저

제 말 먼저 들어주십시오.

151

我来~吧 제가 ~ 하겠습니다

来는 동사 앞에 쓰여 동작의 적극성을 나타냅니다.

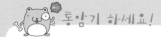 통암기 하세요!

我来吧。
Wǒ lái ba.

제가 하겠습니다.

我来告诉他吧。
Wǒ lái gàosu tā ba.

내가 그에게 알려주겠습니다.

我来介绍吧。
Wǒ lái jièshào ba.

제가 소개하겠습니다.

我来倒茶吧。
Wǒ lái dào chá ba.

제가 차를 따르겠습니다.

我来当翻译吧。
Wǒ lái dāng fānyì ba.

제가 통역하겠습니다.

▶ 来는 동사 앞에 쓰여 적극적으로 어떤 행위를 하거나 상대방에게 어떤 행동을 하게 할 때 사용합니다.

你来读一下。 Nǐ lái dú yí xià. 네가 좀 읽어 봐.

▶ 来는 어떤 특정한 동사를 대신해서 쓰이기도 합니다.

再来一个。 한 곡 더 부르세요.(来 → 唱)
Zài lái yí ge.

이렇게 쓰여요!

A 怎么了? 你胳膊被打断了?
Zěnme le?　　Nǐ gēbo bèi dǎduàn le?

B 嗯。 昨天路上摔倒了。
Ng.　　Zuótiān lùshang shuāidǎo le.

A 真不幸。 你的书包怎么这么重啊。
我来帮你拿吧。
Zhēn búxìng. Nǐ de shūbāo zěnme zhème zhòng a. Wǒ lái
bāng nǐ ná ba.

A 왜 그래? 팔 부러졌어?
B 응. 어제 길에서 넘어졌어.
A 정말 안됐다. 책가방이 왜 이렇게 무거워. 내가 들어줄게.

· **胳膊** gēbo 팔 · **被** bèi ~에게 ~당하다 · **打断** dǎduàn 부러지다
· **摔倒** shuāidǎo 넘어지다 · **不幸** búxìng 불행하다 · **重** zhòng 무겁다

▶ 被를 사용해 피동을 나
타낼 수 있습니다.

他被我打了。
Tā bèi wǒ dǎ le.
그는 나에게 맞았다.

杯子被我打碎了。
Bēizi bèi wǒ dǎsuì le.
내가 컵을 깨뜨렸다.

도전해 보세요!

제가 하겠습니다.

제가 운전하겠습니다.

제가 아이를 보겠습니다.

제가 밥을 하겠습니다.

제가 설거지하겠습니다.

做 zuò 하다, 만들다
看孩子 kān háizi 아이 돌보다
洗 xǐ 씻다
碗 wǎn 그릇

153

还是~吧 ~하는 편이 낫겠습니다

还是는 접속사로 선택의문문에 쓰입니다. 여기서는 부사로 '~하는 편이 더 좋다'의 뜻으로 쓰여 상대방에게 제안하거나 충고할 때 사용됩니다.

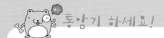

还是明天去吧。
Háishi míngtiān qù ba.

내일 가는 게 좋겠습니다.

还是让他去吧。
Háishi ràng tā qù ba.

그를 보내는 게 좋겠습니다.

还是多关心自己吧。
Háishi duō guānxīn zìjǐ ba.

자신에게 더 관심을 가지는 게 좋겠습니다.

还是换个座位吧。
Háishi huàn ge zuòwèi ba.

자리를 바꾸는 게 좋겠습니다.

还是我陪你去吧。
Háishi wǒ péi nǐ qù ba.

제가 모시고 가는 게 좋겠습니다.

▶ 跟~一起는 '~와 함께'라는 뜻으로 다른 대상과 함께 어떤 일을 같이 할 때 사용하고 陪는 다른 사람을 '모시거나 동반해 어떤 일을 할 때' 사용합니다.

跟他一起去吃饭。 Gēn tā yìqǐ qù chī fàn. 그와 함께 식사하러 가다.
陪他去吃饭。 Péi tā qù chī fàn. 그를 모시고 식사하러 가다.

이렇게 쓰여요!

A 吃汉堡包怎么样？
Chī hànbǎobāo zěnmeyàng?

B 汉堡包有什么好吃的, 还是吃面条吧。
Hànbǎobāo yǒu shénme hǎochī de, háishi chī miàntiáo ba.

A 这是菜谱。
Zhè shì càipǔ.

B 我看不懂, 还是你点菜吧。
Wǒ kàn bu dǒng, háishi nǐ diǎn cài ba.

 Tip

▶ 看不懂
kàn bu dǒng
보다 + 不 + 이해하다 →
보고 이해할 수 없다

▶ 听不懂
tīng bu dǒng
듣다 + 不 + 이해하다 →
듣고 이해할 수 없다

A 햄버거 먹는 거 어때?
B 햄버거가 뭐가 맛있어?
　국수를 먹는 게 좋겠어.

A 메뉴판이야.
B 나는 봐도 모르니까, 네가 주문하는
　게 낫겠다.

· 菜谱 càipǔ 메뉴판

 도전해 보세요!

차를 마시는 게 좋겠습니다.

당신이 운전하는 게 좋겠습니다.

이렇게 하는 게 좋겠습니다.

자전거 타고 가는 게 좋겠습니다.

좀 적게 먹는 게 좋겠습니다.

这样 zhèyàng 이렇게
骑车 qí chē 자전거 타다
少吃 shǎo chī 적게 먹다
点儿 diǎnr 조금

不是~吗? ~아닙니까?

"不是~吗?"는 반어적인 표현으로 강한 긍정을 나타냅니다.

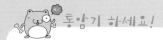 통암기 하세요!

不是开玩笑吗?
Bú shì kāi wánxiào ma?

농담 아니에요?

不是已经约好了吗?
Bú shì yǐjīng yuēhǎo le ma?

이미 약속한 거 아니에요?

不是早就说过吗?
Bú shì zǎojiù shuō guo ma?

진작에 말했잖아요?

不是很喜欢吃韩国菜吗?
Bú shì hěn xǐhuan chī Hánguócài ma?

한국 요리 좋아하는 거 아니에요?

不是去中国吗?
Bú shì qù Zhōngguó ma?

중국 가는 거 아니에요?

▶ 已经约好了에서 好는 결과보어로 쓰여 어떤 일을 완성하거나 잘 마무리되었음을 나타냅니다.

▶ 早就는 부사로 '일찌감치, 진작에, 벌써'의 뜻을 나타냅니다.

我早就知道了。진작에 알았지.
Wǒ zǎojiù zhīdao le.

我早就说过了。진작에 말했잖아.
Wǒ zǎojiù shuō guo le.

A 小丽在哪儿?
Xiǎolì zài nǎr?

B 不是在会议室里吗?
Bú shì zài huìyìshìli ma?

A 这是什么?
Zhè shì shénme?

B 你不是说想吃冰淇淋吗?
Nǐ bú shì shuō xiǎng chī bīngqílín ma?

A 샤오리는 어디 있어?
B 회의실에 있는 거 아니야?

A 이게 뭐야?
B 너 아이스크림 먹고 싶다고 말하지 않았어?

·会议室 huìyìshì 회의실

도전해 보세요!

왕선생님 아니십니까?

담배끊은 거 아닙니까?

일이 바쁘다고 말하지 않았습니까?

운전할 줄 안다고 하지 않았습니까?

찬물 끼얹는 거 아닙니까?

戒烟 jiè yān 담배 끊다
泼冷水 pō lěngshuǐ
찬물을 끼얹다

157

越来越~ 점점 ~ 합니다

'越来越~'를 사용해 상황의 변화, 정도의 증가를 표현할 수 있습니다.

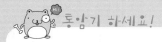 통암기 하세요!

越来越好。
Yuèláiyuè hǎo.

점점 좋아집니다.

越来越差。
Yuèláiyuè chà.

점점 더 형편없습니다.

越来越着迷。
Yuèláiyuè zháomí.

점점 매료되요.

越来越近。
Yuèláiyuè jìn.

점점 가까워집니다.

越来越困难。
Yuèláiyuè kùnnan.

점점 힘들어집니다.

▶ 越를 반복해 '~할수록 ~하다'라는 표현을 나타낼 수 있습니다.

越多越好。Yuè duō yuè hǎo. 많을수록 좋다.
越说越糊涂。Yuè shuō yuè hútú. 말할수록 엉망진창이 되었다.
越长越漂亮。Yuè cháng yuè piàoliang. 길수록 예쁘다.

糊涂 hútú 엉망이다, 흐리멍텅하다

A 雨下得越来越厉害。
　Yǔ xià de yuèláiyuè lìhai.

B 你带雨伞来了吗?
　Nǐ dài yǔsǎn lái le ma?

A 没有。 怎么回家呢?
　Méiyǒu.　Zěnme huí jiā ne?

B 我送你回家。
　Wǒ sòng nǐ huí jiā.

> A 비가 점점 심하게 내리네.
> B 우산 가지고 왔어?
> A 아니, 어떻게 집에 가지?
> B 내가 바래다줄게.

· 厉害 lìhai 심하다, 지독하다

도전해 보세요!

점점 긴장이 됩니다.

더욱 번화해집니다.

점점 인기 있습니다.

점점 까다로워집니다.

점점 복잡해집니다.

紧张 jǐnzhāng 긴장하다,
불안하다
热闹 rènao 번화하다
受欢迎 shòu huānyíng
인기가 있다, 환영을 받다
挑剔 tiāoti 까다롭다
复杂 fùzá 복잡하다

差点儿 하마터면 ~할 뻔했습니다

'거의~할 뻔하다','하마터면~할 뻔하다'의 표현은 부사 差点儿을 사용합니다.

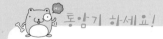 통암기 하세요!

差点儿没赶上火车。
Chàdiǎnr méi gǎnshàng huǒchē.

하마터면 기차를 놓칠 뻔했습니다.

差点儿忘了。
Chàdiǎnr wàng le.

하마터면 잊을 뻔했습니다.

差点儿迟到了。
Chàdiǎnr chídào le.

하마터면 지각할 뻔했습니다.

差点儿认不出你了。
Chàdiǎnr rèn bu chū nǐ le.

하마터면 당신을 못 알아볼 뻔했습니다.

差点儿摔倒。
Chàdiǎnr shuāidǎo

하마터면 넘어질 뻔했습니다.

▶ 差点儿

원하지 않는 결과일 경우 差点儿과 差点儿没는 '~할 뻔하다'의 의미로 그렇게 되지 않아 다행이라는 의미를 나타냅니다.

差点儿(没)忘了。 잊다 → 원치 않는 결과(잊을 뻔했다 → 잊지 않아서 다행이다)
Chàdiǎnr (méi) wàng le.

실현되기를 원하는 결과일 경우 差点儿은 실현되지 않아 안타깝다는 의미이고, 差点儿没는 가까스로 실현되었음을 의미합니다.

差点儿买到了。 사다 → 원하는 결과(살 뻔했다 → 사지 못해서 안타깝다)
Chàdiǎnr mǎidào le.

差点儿没买到了。 사다 → 원하는 결과(하마터면 못 살 뻔했다 → 사서 다행이다)
Chàdiǎnr méi mǎidào le.

A 今天我差点儿出车祸。
Jīntiān wǒ chàdiǎnr chū chēhuò.

B 幸好没出车祸。
Xìnghǎo méi chū chēhuò.

A 你买到票了吗?
Nǐ mǎidào piào le ma?

B 我前边就剩一个人,差点儿就买到了。
Wǒ qiánbiān jiù shèng yí ge rén, chàdiǎnr jiù mǎidào le.

A 오늘 하마터면 사고날 뻔했어.　A 표는 샀어?

B 사고 안 나서 다행이다.　　　 B 내 앞에 딱 한 명만 있어서,

　　　　　　　　　　　　　　　거의 살 뻔했는데.

· 车祸 chēhuò 차 사고　· 幸好 xìnghǎo 다행히, 운 좋게도　· 剩 shèng 남다

하마터면 걸려 넘어질 뻔했습니다.

하마터면 역을 지나칠 뻔했습니다.

하마터면 늦잠 잘 뻔했습니다.

하마터면 차에 부딪칠 뻔했습니다.

거의 성공할 뻔했습니다.

跌倒 diēdǎo 걸려 넘어지다

坐过站 zuò guò zhàn
(정거장, 역을)지나치다

睡过头 shuìguotóu
늦잠을 자다

撞车 zhuàng chē
차에 부딪치다

成功 chénggōng 성공하다

再 / 又 다시 / 또

같은 동작이나 상황이 반복될 때 부사 再와 又를 동사 앞에 붙여 표현합니다.

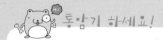 통암기 하세요!

明天再看一遍。
Míngtiān zài kàn yí biàn.

내일 다시 한번 봅시다.

请你再说一遍。
Qǐng nǐ zài shuō yí biàn.

다시 한번 말씀해 주십시오.

我想再去一次。
Wǒ xiǎng zài qù yí cì.

다시 한번 가고 싶습니다.

你又看电视了。
Nǐ yòu kàn diànshì le.

너 또 텔레비전을 보니.

你又生气了。
Nǐ yòu shēng qì le.

또 화났어.

▶ 再, 又는 모두 같은 일이 반복되었을 때 사용하지만 그 쓰임에는 차이가 있습니다. 再는 미래에 반복될 동작에 사용하고 又는 이미 반복된 동작에 사용합니다.

明天再来。 Míngtiān zài lái. 내일 다시 오세요.
他今天又来了。 Tā jīntiān yòu lái le. 그는 오늘 또 왔다.

이렇게 쓰여요!

A 这儿怎么样?
Zhèr zěnmeyàng?

B 这个地方很不错。我想再去一趟。
Zhè ge dìfang hěn búcuò. Wǒ xiǎng zài qù yí tàng.

A 小丽什么时候结婚?
Xiǎolì shénme shíhou jiéhūn?

B 是后天嘛! 我昨天说过一遍, 刚才又说
了一遍嘛!
Shì hòutiān ma! Wǒ zuótiān shuō guo yí biàn, gāngcái yòu
shuō le yí biàn ma!

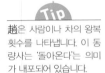

Tip

趟은 사람이나 차의 왕복 횟수를 나타냅니다. 이 동량사는 '돌아온다'는 의미가 내포되어 있습니다.

他到中国去一趟。
Tā dào Zhōngguó qù yí tàng.
그는 중국에 한 번 갔었다.('갔다가 돌아 왔다'의 의미)

> A 여기 어때?
> B 여기 너무 괜찮아.
>   다시 한번 가보고 싶어.
>
> A 샤오리가 언제 결혼하지?
> B 모레잖아! 어제도 말했고 방금 전에
>   도 말했잖아.

· 趟 tàng (동작의 횟수를 세는 동량사)번 · 刚才 gāngcái 방금

도전해 보세요!

하룻밤 더 묵읍시다.

저에게 시간을 좀 더 주십시오.

조금 더 계십시오.

그는 올해 또 왔습니다.

또 차 사고가 났습니다.

又来了 yòu lái le 또 왔다
(또 시작이다)
出车祸 chū chēhuò
교통사고 나다
一些 yìxiē 약간

163

再也不~ 더 이상 ~하지 않습니다

再也는 '더 이상'의 뜻으로 일반적으로 뒤에는 부정의미가 놓입니다. '再也+不+
동사+목적어'의 형태로 '더 이상 ~하지 않다, ~하지 못하다'의 의미로 쓰입니다.

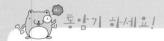 통암기 하세요!

再也不玩电脑了。
Zàiyě bù wán diànnǎo le.
더 이상 컴퓨터를 하지 않을 겁니다.

再也不是我的了。
Zàiyě bú shì wǒ de le.
더 이상 내 것이 아닙니다.

再也不闹肚子。
Zàiyě bú nào dùzi.
더 이상 설사하지 않습니다.

再也不会做这种傻事。
Zàiyě bú huì zuò zhè zhǒng shǎ shì.
다신 이런 멍청한 짓은 하지 않을 겁니다.

再也不跟你玩儿。
Zàiyě bù gēn nǐ wánr.
다신 너랑 놀지 않을 거야

▶ 전치사의 부정
장소, 시간, 원인, 대상 등을 나타내는 전치사는 문장에서 술어동사 앞에 위
치합니다. 전치사가 쓰인 문장을 부정할 때 보통 부정부사를 전치사 앞에 놓
습니다.

不跟他商量。 Bù gēn tā shāngliang. 그와 상의하지 않는다.
不给他打电话。 Bù gěi tā dǎ diànhuà. 그에게 전화를 하지 않는다.

이렇게 쓰여요!

A 快走。
　Kuài zǒu.

B 我再也走不动了。
　Wǒ zàiyě zǒu bu dòng le.

A 快站起来! 除了你, 别的同学都走到山顶了。
　Kuài zhàn qǐlái. Chúle nǐ, bié de tóngxué dōu zǒudào
　shāndǐng le.

> A 빨리 가.
> B 더는 못 걸어요.
> A 빨리 일어나! 너말고 다른 애들은 벌써 산꼭대기까지 갔어.

·站 zhàn 서다 ·除了 chúle ~을 제외하고 ·山顶 shāndǐng 산꼭대기

 Tip

▶ 除了 ~ 以外
~을 제외하고, ~외에도
앞에서 언급한 것을 제외하고 다른 것이 있음을 나타낼 때에는 뒤에 일반적으로 也, 还 등이 놓입니다.
앞에서 언급한 것을 제외하고 다른 것은 포함하지 않음을 나타낼 때에는 뒤에 일반적으로 都 등이 놓입니다.

 도전해 보세요!

더 이상 술 마시지 않을 겁니다.

더 이상 이 옷은 입지 않을 겁니다.

더 이상 담배 피지 않을 겁니다.

더 이상 못 먹겠습니다.

더 이상 포기하지 마십시오.

穿 chuān 입다
吸烟 xī yān 담배를 피우다
能吃 néng chī 먹을 수 있다
放弃 fàngqì 포기하다

165

从来不(没)~ 여태껏 ~한 적이 없습니다

从来는 '지금까지'의 뜻으로 부정부사와 함께 쓰여 지금까지 어떤 경험이 없음을 나타냅니다.

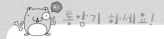 통암기 하세요!

我从来不迟到。
Wǒ cónglái bù chídào.

여태껏 지각한 적이 없습니다.

他从来不生气。
Tā cónglái bù shēng qì.

그는 지금까지 화낸 적이 없습니다.

我从来不写日记。
Wǒ cónglái bù xiě rìjì.

여태껏 일기를 쓴 적이 없습니다.

我从来没去过中国。
Wǒ cónglái méi qù guo Zhōngguó.

여태껏 중국에 가 본 적이 없습니다.

我从来没说过谎。
Wǒ cónglái méi shuō guo huǎng.

지금까지 거짓말을 해 본 적이 없습니다.

▶ '항상~하다, 언제나~하다'는 부사 总是, 老是를 사용해 표현할 수 있습니다.

他老是为我想。 Tā lǎoshi wèi wǒ xiǎng. 그는 항상 나를 위해 생각한다.
他老是说谎。 Tā lǎoshi shuō huǎng. 그는 항상 거짓말만 한다.
他总是这样。 Tā zǒngshì zhèyàng. 그는 항상 이렇다.
他总是迟到。 Tā zǒngshì chídào. 그는 항상 지각한다.

이렇게 쓰여요!

A 这是我做的韩国菜, 你尝尝。
Zhè shì wǒ zuò de Hánguócài, nǐ chángchang.

B 真好吃! 我从来没吃过这么好吃的菜。
Zhēn hǎochī! Wǒ cónglái méi chī guo zhème hǎochī de cài.

A 今天你来做饭。
Jīntiān nǐ lái zuò fàn.

B 我从来没做过饭。
Wǒ cónglái méi zuò guo fàn.

A 내가 만든 한국음식이야.
한번 먹어봐.
B 정말 맛있다. 지금까지 이렇게
맛있는 건 처음 먹어봐.

A 오늘은 네가 밥 해.
B 나 여태껏 밥 해 본 적 없어.

 Tip
▶ 동사의 중첩

동사를 중첩하면 '좀 ~
하다', '~해보다'의 뜻으로
시도, 짧은 시간, 동작의
가벼움을 나타내며 말투
를 부드럽게 합니다. 동사
의 중첩형식은 단음절은
AA(or A—A)로 두 번째
음절은 경성으로 읽으며,
이음절 동사의 중첩형식
은 ABAB입니다.

你看(一)看吧。
Nǐ kàn(yi)kàn ba.
좀 봐봐.

我们休息休息吧。
Wǒmen xiūxi xiūxi ba.
우리 좀 쉬어요.

 도전해 보세요!

지금까지 담배를 핀 적이 없습니다.

여태껏 들어본 적이 없습니다.

지금까지 잊은 적이 없습니다.

지금까지 남에게 밥을 산 적이 없습니다.

여태껏 생각해 본 적이 없습니다.

抽烟 chōuyān 담배 피우다
忘记 wàngjì 잊어버리다
请别人吃饭
qǐng biérén chī fàn
다른 사람에게 식사 대접하다
想 xiǎng 생각하다

167

怎么也～ 아무리 ～해도

怎么는 '어째서','왜'의 의미를 나타내는 의문대명사입니다. 여기에 부사 也를 붙이면 '어떻게 해도','아무리 해도'의 의미를 갖습니다. 怎么也 다음에는 주로 불가능을 나타내는 말이 놓입니다.

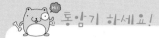 통암기 하세요!

怎么也睡不着。
Zěnme yě shuì bu zháo.

아무리 자려해도 잠이 안 와.

怎么也忘不了。
Zěnme yě wàng bu liǎo.

아무리 해도 잊을 수 없어.

怎么也打不通。
Zěnme yě dǎ bu tōng.

아무리 해도 전화가 연결이 안 돼.

怎么也学不会。
Zěnme yě xué bu huì.

아무리 배워도 안 돼.

眼泪怎么也忍不住了。
Yǎnlèi zěnme yě rěn bu zhù le.

아무리 해도 눈물을 멈출 수 없어.

▶ 동사+不/得+了는 가능보어의 한 형태입니다.

忘不了。 wàng bu liǎo. 잊을 수 없다.
吃得了。 chī de liǎo. 먹을 수 있다.
受不了。 shòu bu liǎo. 참을 수 없다.
上不了课。 shàng bu liǎo kè. 수업을 할 수 없다.

이렇게 쓰여요!

A 你认识他吧?
　Nǐ rènshi tā ba?

B 我认识。
　Wǒ rènshi.

A 他叫什么名字来着? 怎么也想不起来。
　Tā jiào shénme míngzì láizhe? Zénme yě xiǎng bu qǐlai.

B 小红!
　Xiǎohóng!

▶ 想不起来 / 想不出来

想不起来는 원래 알고
있던 사실이 기억이 나지
않을 경우에 사용하고 想
不出来는 생각, 방법, 아
이디어 등이 생각나지 않
는 경우에 사용합니다.

> A 너 쟤 알지?
> B 응.
> A 쟤 이름이 뭐였더라? 아무리 해도 생각이 안나.
> B 샤오훙!

도전해 보세요!

아무리 해도 믿을 수가 없습니다.

아무리 해도 찾을 수가 없습니다.

아무리 해도 생각이 안 납니다.

아무리 해도 일어설 수가 없습니다.

아무리 해도 이해할 수가 없습니다.

相信 xiāngxìn 믿다
找不着 zhǎo bu zháo
찾을 수 없다
想不起来 xiǎng bu qǐlai
생각나지 않는다
站不起来 zhàn bu qǐlai
일어서지 못하다
想不通 xiǎng bu tōng
이해할 수 없다

一点儿也不(没)~ ~조금도 ~하지 않습니다

수량이 적음을 나타내는 一点儿과 부사 也가 함께 쓰여 '조금도~'의 의미를
나타냅니다. 뒤에는 부정의미가 놓입니다.

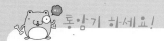 통암기 하세요!

一点儿也不害怕。
Yìdiǎnr yě bú hàipà.
조금도 무섭지 않습니다.

一点儿也不觉得意外。
Yìdiǎnr yě bù juéde yìwài.
조금도 의외라고 생각하지 않습니다.

一点儿也不容易。
Yìdiǎnr yě bù róngyì.
조금도 쉽지 않습니다.

一点儿也没变。
Yìdiǎnr yě méi biàn.
조금도 변하지 않았습니다.

一点儿也没有犹豫。
Yìdiǎnr yě méiyǒu yóuyù.
조금도 주저하지 않습니다.

▶ 一点儿也는 어떤 동작이나 행위의 부정을 강조하는 어감을 나타냅니다.
一点儿也不难。Yìdiǎnr yě bù nán. 조금도 어렵지 않다.

一와 也 사이에 다른 명사(구)가 놓여 행위의 부정을 강조할 수도 있습니다.
一天也不休息。Yì tiān yě bù xiūxi. 하루도 쉬지 않는다.
一句汉语也不会说。Yí jù Hànyǔ yě bú huì shuō. 중국어는 한마디도 할 줄 모른다.

A 你真像小狗啊!
Nǐ zhēn xiàng xiǎogǒu a!

B 什么? 别开玩笑。一点儿也不像。
Shénme? Bié kāi wánxiào.　　Yìdiǎnr yě bú xiàng.

A 学电脑怎么样?
Xué diànnǎo zěnmeyàng?

B 一点儿也不难。
Yìdiǎnr yě bù nán.

A 너 진짜 강아지와 닮았는데! A 컴퓨터 배우는 건 어때?
B 뭐라고? 농담하지마. B 조금도 어렵지 않아.
하나도 안 닮았어.

・小狗 xiǎogǒu 강아지

조금도 피곤하지 않습니다.

조금도 안 닮았습니다.

조금도 좋아하지 않습니다.

전혀 긴장되지 않습니다.

전혀 관심이 없습니다.

困 kùn 피곤하다, 지치다
像 xiàng 닮다
喜欢 xǐhuan 좋아하다
紧张 jǐnzhāng 긴장하다
兴趣 xìngqù 흥미, 관심

171

连~也 ~조차/마저

连~也는 '~조차도', '~까지도'의 뜻으로 강조 용법으로 사용됩니다.

 통암기 하세요!

连晚饭也没吃就睡着了。
Lián wǎnfàn yě méi chī jiù shuìzháo le.

저녁조차 먹지 않고 잠들었습니다.

这么冷, 连大衣也不穿。
Zhème lěng, lián dàyī yě bù chuān.

이렇게 추운데 외투도 안 입었습니다.

连他的名字也不知道。
Lián tā de míngzi yě bù zhīdào.

그의 이름조차도 모릅니다.

连听也没听说过。
Lián tīng yě méi tīngshuō guo.

들어보지도 못했습니다.

连一句也没说就走了。
Lián yí jù yě méi shuō jiù zǒu le.

한 마디 말도 없이 떠났습니다.

▶ 강조 용법 중의 하나로 '~조차도, 심지어 ~하다'의 뜻입니다. 뒤에는 也, 都, 还 등이 올 수 있습니다. 连 앞에 '甚至 shènzhì (심지어)'를 쓰기도 합니다.

甚至连这个字都不知道。 심지어 이 글자조차도 모른다.
Shènzhì lián zhè ge zì dōu bù zhīdào.

A 你还没睡?
Nǐ hái méi shuì?

B 忙得连饭都顾不上吃。怎么能睡呢?
Máng de lián fàn dōu gù bu shàng chī. Zěnme néng shuì ne?

A 这个字怎么念?
Zhè ge zì zěnme niàn?

B 连这么简单的字也不知道。
Lián zhème jiǎndān de zì yě bù zhīdào.

A 아직 안 잤어?   A 이 글자 어떻게 읽어?

B 바빠서 밥 먹을 시간도 없는데   B 이렇게 간단한 것도 몰라?
　 어떻게 자겠어?

·顾不上 gù bu shàng 돌볼 틈이 없다 ·字 zì 글자 ·简单 jiǎndān 간단하다

도전해 보세요!

피아노조차도 칠 줄 모릅니다.

　　　　　　　　　　　　　　　　　　　

어린아이도 압니다.

　　　　　　　　　　　　　　　　　　　

중국어 한마디도 할 줄 모릅니다.

　　　　　　　　　　　　　　　　　　　

텔레비전마저도 보지 못하게 합니다.

　　　　　　　　　　　　　　　　　　　

비행기조차도 타 본 적이 없습니다.

　　　　　　　　　　　　　　　　　　　

钢琴 gāngqín 피아노
弹 tán 치다
小孩 xiǎohái 아이
知道 zhīdao 알다
一句汉语 yí jù Hànyǔ
중국어 한 마디
不会说 bú huì shuō
말하지 못하다
电视 diànshì 텔레비전
不让我 bú ràng wǒ
나에게 ~못하게 하다
飞机 fēijī 비행기
坐过 zuò guo 타보다

173

什么(谁/哪儿) 都
뭐든지(누구든지 / 어디든지)

'의문대명사 + 都/也'는 어떤 범위 안에 속하는 모든 대상을 가리키는 데 사용됩니다.

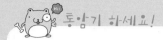

我什么都不想吃。
Wǒ shénme dōu bù xiǎng chī.

아무것도 먹고 싶지 않습니다.

他什么都不知道。
Tā shénme dōu bù zhīdào.

그는 아무것도 모릅니다.

什么时候都行。
Shénme shíhou dōu xíng.

언제라도 좋습니다.

谁都知道。
Shéi dōu zhīdao.

누구나 압니다.

我哪儿都不想去。
Wǒ nǎr dōu bù xiǎng qù.

어디도 가고 싶지 않습니다.

▶ 의문대명사는 어떤 범위 안에 속하는 대상을 전부 가리킬 수 있는데 이 때 일반적으로 뒤에 都, 也가 붙습니다.

谁都知道。 Shéi dōu zhīdao. 누구나 알아요.
谁也知道。 Shéi yě zhīdao. 누구나 알아요.

이렇게 쓰여요!

A 晚上我们在哪儿见面?
   Wǎnshang wǒmen zài nǎr jiànmiàn?

B 什么?
   Shénme?

A 你昨天跟我说一起去看电影嘛。
   Nǐ zuótiān gēn wǒ shuō yìqǐ qù kàn diànyǐng ma.

B 对不起。我喝上酒就什么都忘了。
   Duìbuqǐ. Wǒ hēshang jiǔ jiù shénme dōu wàng le.

> A 저녁에 어디서 볼까?
> B 뭐라고?
> A 어제 같이 영화 보자고 했잖아.
> B 미안. 술만 마시면 다 잊어버려서.

도전해 보세요!

이 상점에는 뭐든지 다 있습니다.

아무도 그를 좋아하지 않습니다.

어디서든 살 수 있습니다.

아무것도 안 보입니다.

어디서든 인기가 있습니다.

商店 shāngdiàn 상점
能买到 néng mǎi dào
살 수 있다
看不见 kàn bu jiàn
보이지 않는다
受欢迎 shòu huānyíng
환영받다

~什么(哪儿)~好呢?
뭘 ~하는 게 좋겠습니까?

'我 ~ 什么(哪儿)~ 好呢? '는 완곡하게 상대방의 의견을 물을 때 사용합니다.

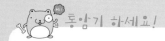 통암기 하세요!

我送什么礼物好呢?
Wǒ sòng shénme lǐwù hǎo ne?

어떤 선물을 보내는 게 좋겠습니까?

我们看什么电影好呢?
Wǒmen kàn shénme diànyǐng hǎo ne?

무슨 영화를 보는 게 좋겠습니까?

到哪儿去好呢?
Dào nǎr qù hǎo ne?

어디로 가는 게 좋겠습니까?

到哪儿去吃饭好呢?
Dào nǎr qù chī fàn hǎo ne?

밥 먹으러 어디로 가는 게 좋겠습니까?

上哪儿去玩儿好呢?
Shàng nǎr qù wánr hǎo ne?

어디로 놀러 가는 게 좋겠습니까?

▶ 방향보어에 목적어가 삽입될 경우, 그 목적어가 장소를 나타내면 동사와 방향보어 사이에 놓입니다.

上楼去。Shàng lóu qù. 위층으로 올라가다.
进教室来。Jìn jiàoshì lái. 교실로 들어오다.
回家去。Huí jiā qù. 집으로 돌아가다.

이렇게 쓰여요!

A 买什么好呢?
Mǎi shénme hǎo ne?

B 你买茅台酒怎么样?
Nǐ mǎi máotáijiǔ zěnmeyàng?

A 我们到哪儿去吃饭好呢?
Wǒmen dào nǎr qù chī fàn hǎo ne?

B 我知道一家很好的中国餐厅。
Wǒ zhīdao yì jiā hěn hǎo de Zhōngguó cāntīng.

A 뭘 사는 게 좋을까?　　　A 식사하러 어디로 가는 게 좋을까?
B 마오타이주 사는 게 어때?　　B 괜찮은 중국식당 하나 알고 있어.

도전해 보세요!

뭘 주문하는 게 좋겠습니까?

무슨 노래를 부르는 게 좋겠습니까?

뭘 먹는 게 좋겠습니까?

어떤 옷을 사는 게 좋겠습니까?

어떤 운동을 하는 게 좋겠습니까?

点菜 diǎncài
요리를 주문하다
唱歌 chànggē
노래를 부르다
吃菜 chīcài
음식을 먹다
买衣服 mǎi yīfu
옷을 사다
做运动 zuò yùndòng
운동을 하다

真不知道~ 정말 ~할지 모르겠습니다

'真不知道~'의 형태는 뒤의 의문대명사와 호응해 '정말 어떻게 해야 좋을지 모르겠어요'의 의미를 나타냅니다.

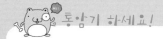 통암기 하세요!

我真不知道怎么办才好。
Wǒ zhēn bù zhīdào zěnme bàn cái hǎo.

어떻게 해야 좋을지 정말 모르겠어요.

我真不知道怎么对他说。
Wǒ zhēn bù zhīdào zěnme duì tā shuō.

그에게 어떻게 말해야 할지 정말 모르겠어요.

我真不知道怎么一回事。
Wǒ zhēn bù zhīdào zěnme yì huí shì.

어떻게 된 일인지 정말 모르겠어요.

我真不知道该怎么感谢您。
Wǒ zhēn bù zhīdào gāi zěnme gǎnxiè nín.

어떻게 감사를 드려야 할지 정말 모르겠어요.

真不知道你想问什么。
Zhēn bù zhīdào nǐ xiǎng wèn shénme.

네가 뭘 묻고 싶어하는지 정말 모르겠어.

▶ 才는 '~에야, ~에야 비로소'라는 뜻으로 일이 일어나거나 끝남이 늦음을 나타냅니다.

我明天才能到。 나는 내일에야 올 수 있다.
Wǒ míngtiān cái néng dào.

你怎么才来? 너 어째서 이제야 오니?
Nǐ zěnme cái lái?

A 明天我朋友来韩国。
Míngtiān wǒ péngyou lái Hánguó.

B 你说的是小丽吧?
Nǐ shuō de shì Xiǎolì ba?

A 是啊。 真不知道带她到哪儿去好呢?
Shì a. Zhēn bù zhīdào dài tā dào nǎr qù hǎo ne?

B 去民俗村吧。 可以给她介绍韩国文化。
Qù Mínsúcūn ba. Kěyǐ gěi tā jièshào Hánguó wénhuà.

> A 내일 친구가 한국에 와.
> B 샤오리 말하는 거지?
> A 응. 그녀를 데리고 어디로 가야 좋을지 정말 모르겠어.
> B 민속촌에 가 봐. 한국문화를 소개해 줄 수 있잖아.

·民俗村 Mínsúcūn 민속촌 ·文化 wénhuà 문화

도전해 보세요!

어떻게 대답해야 할지 정말 모르겠습니다.

뭘 입어야 할지 정말 모르겠습니다.

당신이 뭘 생각하는지 정말 모르겠습니다.

그가 무슨 말을 하는지 정말 모르겠습니다.

그가 어디로 갔는지 정말 모르겠습니다.

怎么回答 zěnme huídá
어떻게 대답하다
该穿什么 gāi chuān shénme
무엇을 입어야 할지
想些什么 xiǎng xiē shénme
무슨 생각을 하는지
说什么 shuō shénme
뭐라고 하는지
去哪儿 qù nǎr 어디로 가는지

179

什么(怎么/哪儿)~什么(怎么/哪儿)~
~하고 싶은 대로 ~하십시오

의문대명사가 앞뒤로 호응해서 '~하고 싶으면 ~해라'는 표현을 할 수 있습니다.

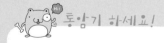

你要什么，我就给你什么。
Nǐ yào shénme,　wǒ jiù gěi nǐ shénme.

당신이 원하는 걸 주겠습니다.

你要怎么做，就怎么做。
Nǐ yào zěnme zuò,　jiù zěnme zuò.

당신이 하고 싶은 대로 하십시오.

什么最好吃，我们就吃什么。
Shénme zuì hǎochī,　wǒmen jiù chī shénme.

가장 맛있는 걸로 먹읍시다.

谁知道，谁举手。
Shéi zhīdao,　shéi jǔ shǒu.

아는 사람은 손을 드십시오.

你要多少，我就给你多少。
Nǐ yào duōshao,　wǒ jiù gěi nǐ duōshao.

원하는 만큼 주겠습니다.

▶ 什么, 怎么, 谁, 多少 등의 의문사를 앞뒤로 호응시켜 '~하면 ~해라, ~을 원하면 ~을 해라는 표현을 할 수 있습니다.

有**多少**, 拿**多少**。얼마가 있다면 그 얼마를 가져라.(있는 만큼 가져라)
Yǒu duōshao, ná duōshao.

想看**什么**, 就看**什么**。무엇이 보고 싶다면 그 무엇을 봐라.(보고 싶은 걸 봐)
Xiǎng kàn shénme, jiù kàn shénme.

A 可以拿走吗?
Kěyǐ ná zǒu ma?

B 要多少, 拿多少。
Yào duōshao, ná duōshao.

A 我们什么时候去看电影?
Wǒmen shénme shíhou qù kàn diànyǐng?

B 你什么时候有时间, 我们就什么时候去。
Nǐ shénme shíhou yǒu shíjiān, wǒmen jiù shénme shíhou qù.

A 가지고 가도 되나요?
B 원하는 만큼 가져가세요.

A 우리 언제 영화 보러 갈까?
B 너 시간 날 때 언제든지 가자.

도전해 보세요!

당신이 원하는 곳으로 갑시다.

음식점에서 파는 걸로 먹읍시다.

가고 싶은 사람은 신청하십시오.

당신이 가고 싶은 곳으로 갑시다.

보고 싶을 때 봅시다.

想去 xiǎng qù 가고싶다
什么地方 shénme dìfang
어디(어느 곳)
餐厅 cāntīng 식당
卖什么 mài shénme 무엇을 팔다
报名 bàomíng 신청하다
想去哪儿 xiǎng qù nǎr
어디로 가고 싶다
什么时候 shénme shíhou 언제
想看 xiǎng kàn 보고 싶다

181

중국어 회화를 위한 **관 용 표 현**

84 인사표현(1)

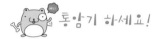 통암기 하세요!

你好!
Nǐ hǎo

안녕!

您好!
Nín hǎo!

안녕하세요!

你们好!
Nǐmen hǎo!

안녕하세요!

大家好!
Dàjiā hǎo!

여러분 안녕하세요!

你好吗?
Nǐ hǎo ma?

잘 지내니?

你父母亲好吗?
Nǐ fùmǔqīn hǎo ma?

부모님은 안녕하시니?

你早!
Nǐ zǎo!

좋은 아침!

早上好!
Zǎoshang hǎo!

좋은 아침입니다!

晚上好!
Wǎnshang hǎo!

좋은 저녁되세요!

早安。
Zǎo ān.

안녕히 주무셨어요!

晚安。
Wǎn ān.

안녕히 주무세요!

你吃过饭了吗?
Nǐ chī guo fàn le ma?

식사하셨어요?

你上哪儿去啊?
Nǐ shàng nǎr qù a?

어디 가세요?

您下班了?
Nín xià bān le?

퇴근하세요?

日子过得怎么样?
Rìzi guò de zěnmeyàng?

어떻게 지내세요?

马马虎虎。
Mǎma hūhū.

그럭저럭요.

통암기 하세요!

新年好!
Xīnnián hǎo!

새해 복 많이 받으세요!

新年快乐!
Xīnnián kuàilè!

새해 복 많이 받으세요!

万事如意!
Wànshì rúyì!

모든 일이 뜻대로 이루어지길 빌어요!

梦想成真!
Mèngxiǎng chéng zhēn!

소원 성취하세요!

中秋节快乐!
Zhōngqiūjié kuàilè!

즐거운 추석연휴 보내세요!

圣诞快乐!
Shèngdàn kuàilè!

메리 크리스마스!

心想事成!
Xīn xiǎng shì chéng!

바라는 일이 모두 이루어지길 빌어요!

恭喜发财!
Gōngxǐ fā cái!

부자 되세요!

事业成功!
Shìyè chénggōng!

사업이 성공하시길 빌어요!

A 大家好!
Dàjiā hǎo!

B 老师好!
Lǎoshī hǎo!

A 新年快乐! 万事如意!
Xīnnián kuàilè! Wànshì rúyì!

B 新年快乐! 恭喜发财!
Xīnnián kuàilè! Gōngxǐ fā cái!

A 圣诞快乐!
Shèngdàn kuàilè!

B 圣诞快乐!
Shèngdàn kuàilè!

A 这是圣诞礼物。
Zhè shì Shèngdàn lǐwù.

B 谢谢。我真喜欢。
Xièxie.   Wǒ zhēn xǐhuan.

A 여러분 안녕하세요!
B 선생님 안녕하세요!

A 새해 복 많이 받으세요! 모든 일이 뜻대로 이루어지길 빌어요.
B 새해 복 많이 받으세요! 부자 되세요!

A 메리 크리스마스!
B 메리 크리스마스!
A 이거 크리스마스 선물이야.
B 고마워. 정말 맘에 들어.

처음 만났을 때

통암기 하세요!

初次见面。
Chūcì jiànmiàn.

처음 뵙겠습니다.

见到你，很高兴。
Jiàndào nǐ, hěn gāoxìng

만나게 돼서 기뻐요.

认识你，很高兴。
Rènshi nǐ, hěn gāoxìng.

알게 돼서 기뻐요.

认识你，很荣幸。
Rènshi nǐ, hěn róngxìng.

알게 돼서 영광입니다.

请多多关照。
Qǐng duōduō guānzhào.

잘 부탁드립니다.

请多多指教。
Qǐng duōduō zhǐjiào.

잘 부탁드립니다.

久仰，久仰。
Jiǔyǎng, jiǔyǎng.

말씀 많이 들었습니다.

幸会，幸会。
Xìnghuì, xìnghuì.

만나 뵙게 돼서 기쁩니다.

我们以前见过面了吧？
Wǒmen yǐqián jiàn guo miàn le ba?

우리 예전에 만난 적 있죠?

이렇게 쓰여요!

A 您好! 初次见面。
Nín hǎo! Chūcì jiànmiàn.

B 您好! 初次见面。
Nín hǎo! Chūcì jiànmiàn.

A 我第一次来中国。 请多多关照。
Wǒ dìyīcì lái Zhōngguó.　　Qǐng duōduō guānzhào.

B 彼此, 彼此。
Bǐcǐ, bǐcǐ.

'彼此'는 피차일반이라는
뜻이며 대답할 때 중첩하여
사용합니다.

A 我来介绍一下。 这是我同事, 张力。
Wǒ lái jièshào yíxià.　　Zhè shì wǒ tóngshì, Zhāng Lì.

B 你好! 见到你很高兴。
Nǐ hǎo! Jiàndào nǐ hěn gāoxìng.

C 见到你, 我也很高兴。
Jiàndào nǐ,　wǒ yě hěn gāoxìng.

A 안녕하세요! 처음 뵙겠습니다.
B 안녕하세요! 처음 뵙겠습니다.
A 중국에 처음 왔습니다. 잘 부탁드립니다.
B 저도 잘 부탁드립니다.

A 소개해 드릴게요, 이쪽은 제 동료 장리입니다.
B 안녕하세요! 만나서 반갑습니다.
C 저도 만나 뵙게 돼서 기쁩니다.

189

 통암기 하세요!

再见。
Zàijiàn.

잘 가.

拜拜。
Bàibai.

안녕.

回头见。
Huítóu jiàn.

이따 봐.

待会儿见。
Dāihuìr jiàn.

좀 이따 봐.

一会儿见。
Yíhuìr jiàn.

이따 봐.

明天见。
Míngtiān jiàn.

내일 봐.

后天见。
Hòutiān jiàn.

모레 봐.

下星期见!
Xiàxīngqī jiàn!

다음주에 봐!

后会有期。
Hòu huì yǒu qī.

나중에 또 만나요.

请多多保重。
Qǐng duōduō bǎozhòng.

몸 조심 하세요.

请多联系。
Qǐng duō liánxì.

자주 연락해요.

周末愉快!
Zhōumò yúkuài!

즐거운 주말 보내세요!

一路顺风!
Yí lù shùn fēng!

가는 길이 순조롭기를 빕니다!

祝你一路平安。
Zhù nǐ yílù píng'ān.

편안한 여행되세요!

▶ '拜拜'는 bye-bye의 음역어입니다.

▶ '祝你一路平安', '一路顺风'은 여행을 떠나는 사람이나 먼 길을 떠나는 사람에게 하는 인사말입니다. .

▶ '后会有期'는 '인연이 닿으면 또 만날 겁니다. 나중에 또 만날 기회가 있을 겁니다'의 뜻입니다

헤어질 때(2)

 통암기 하세요!

慢走。
Màn zǒu.

살펴가세요.

请慢走。
Qǐng màn zǒu.

살펴 가세요.

我要告辞了。
Wǒ yào gàocí le.

그만 가보겠습니다.

别送。
Bié sòng.

나오지 마세요.

请留步。
Qǐng liúbù.

나오지 마세요.

我该走了。
Wǒ gāi zǒu le.

이만 가볼게요.

▶ '该~了'는 '~해야한다. ~해야할 시간이다'라는 뜻이며, 「该＋동사＋了」형태로 쓰입니다.

你该起床了。 너 일어나야겠다.(일어나야할 시간이다.)
Nǐ gāi qǐchuáng le.

我该上班了。 나 출근해야겠다.(나 출근해야할 시간이다.)
Wǒ gāi shàngbān le.

이렇게 쓰여요!

A 再见。
Zàijiàn.

B 明天见。
Míngtiān jiàn.

A 都八点了，我该走了。
Dōu bā diǎn le, wǒ gāi zǒu le.

B 多坐一会儿吧。
Duō zuò yíhuìr ba.

A 时间过得真快。我真舍不得你走。
Shíjiān guò de zhēn kuài. Wǒ zhēn shě bu dé nǐ zǒu.

B 我会想念你们的。
Wǒ huì xiǎngniàn nǐmen de.

A 一路顺风! 多保重!
Yí lù shùn fēng! Duō bǎozhòng!

'都'에는 '이미, 벌써'의 뜻도
있습니다.
我都三十岁了.
Wǒ dōu sānshí suì le.
나 벌써 서른 살이야.

A 잘개!

B 내일 봐!

A 벌써 8시네요. 이만 가봐야겠어요.

B 좀 더 있다가 가세요.

A 시간 정말 빠르다. 너랑 헤어지는 게 너무 아쉬워.

B 너희들이 보고 싶을 거야.

A 잘 개! 건강해야 해.

사과와 감사표현(1)

对不起。
Duìbuqǐ.

미안해요.

抱歉。
Bàoqiàn.

죄송합니다.

真不好意思。
Zhēn bùhǎoyìsi.

정말 미안해요.

非常抱歉。
Fēicháng bàoqiàn.

대단히 죄송합니다.

实在抱歉。
Shízài bàoqiàn.

정말 죄송해요.

请多多包涵。
Qǐng duōduō bāohán.

양해해 주세요.

请原谅。
Qǐng yuánliàng.

용서해 주세요.

都是我的错。
Dōu shì wǒ de cuò.

모두 제 잘못이에요.

都是我不好。
Dōu shì wǒ bù hǎo.

전부 제가 잘못했어요.

是我不对。
Shì wǒ bú duì.

제가 잘못했어요.

不要紧。
Búyàojǐn.

괜찮아요.

没关系。
Méi guānxi.

괜찮아요.

没事儿。
Méi shìr.

괜찮아요.

사과와 감사표현(2)

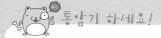

谢谢。
Xièxie.

감사합니다.

多谢。
Duō xiè.

고마워요.

太感谢您了。
Tài gǎnxiè nín le.

너무 감사합니다.

给您添麻烦了。
Gěi nín tiān máfan le.

폐를 끼쳤습니다.

让您费心了。
Ràng nín fèixīn le.

수고롭게 해 드렸네요.

没什么。
Méi shénme.

별거 아니에요.

不客气。
Bú kèqi.

천만에요.

不谢。
Bú xiè.

천만에요.

不用谢。
Búyòng xiè.

고마워할 필요 없어요.

이렇게 쓰여요!

A 太谢谢你了。
Tài xièxie nǐ le .

B 不用谢。这是我应该做的。
Búyòng xiè.　Zhè shì wǒ yīnggāi zuò de.

A 这个照相机刚用了一个星期就坏了。
Zhè ge zhàoxiàngjī gāng yòng le yí ge xīngqī jiù huài le.

B 真对不起。我们负责给您修好。
Zhēn duìbuqǐ.　Wǒmen fùzé gěi nín xiūhǎo.

A 你帮了我的大忙, 太感谢你了。
Nǐ bāng le wǒ de dà máng, tài gǎnxiè nǐ le.

B 这没什么, 你不用客气。
Zhè méi shénme, nǐ bú yòng kèqi.

刚은 '막, 방금'이란 뜻으로 어떤 상황이나 일이 발생한지 얼마 지나지 않았음을 나타냅니다. 刚은 부사이므로 동사 앞에 놓입니다.

我刚从韩国来的。
Wǒ gāng cóng Hánguó lái de.
저는 막 한국에서 왔어요.

A 정말 고마워요.
B 아니에요. 제가 마땅히 해야될 일인데요.

A 이 카메라 일주일만에 고장났어요.
B 정말 죄송합니다. 저희가 책임지고 수리해 드리겠습니다.

A 저를 크게 도와주셨어요. 너무 감사합니다.
B 별거 아니에요. 이러지 마세요.

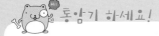

통암기 하세요!

真了不起。
Zhēn liǎobuqǐ.
정말 굉장하다.

过奖, 过奖。
Guòjiǎng, guòjiǎng.
과찬이십니다.

您过奖了。
Nín guòjiǎng le.
과찬이십니다.

您太夸奖了。
Nín tài kuājiǎng le.
너무 과찬을 하시네요.

还差得远呢。
Hái chà de yuǎn ne.
아직 멀었어요.

哪儿啊。
Nǎr a.
별말씀을요.

哪儿的话。
Nǎr de huà.
천만에요.

不敢当。
Bùgǎndāng.
과찬이십니다.

哪里, 哪里。
Nǎlǐ, nǎlǐ.
천만에요.

A 你真棒。
Nǐ zhēn bàng.

B 哪儿啊!
Nǎr a.

A 你说汉语说得太好了。
Nǐ shuō Hànyǔ shuō de tài hǎo le.

B 哪里, 哪里。 还差得远呢。
Nǎli, nǎli.　　　　Hái chà de yuǎn ne.

A 你做菜做得很好, 味道好极了。
Nǐ zuò cài zuò de hěn hǎo, wèidao hǎo jí le.

B 你过奖了。
Nǐ guò jiǎng le.

A 너 정말 대단하다.
B 뭘요.

A 중국어 정말 잘 하시네요.
B 뭘요. 아직 멀었어요.

A 요리 정말 잘 하십니다. 맛이 끝내주는데요.
B 과찬이세요.

1 这是本子。
   这是椅子。
   这是中国菜。
   这是我的照相机。
   这是我的衣服。

2 那就是笔记本电脑。
   这就是她的英语书。
   这就是我的鞋。
   这就是我的短处。
   这就是地道的中国菜。

3 这是王老师。
   这是我的爱人。
   这是他姐姐。
   这是我的女朋友。
   这是小丽的妈妈。

4 这位是王教授。
   这位是小丽的爷爷。
   这位是我的汉语老师。
   这位是金老师的母亲。
   这位是我母亲的朋友。

5 那儿就是书店。
   那儿就是服务台。
   这儿就是售票处。
   那儿就是故宫。
   那儿就是火车站。

6 他们是留学生。
   我们都是日本人。
   她也是医生。
   我弟弟是大学生。
   他是公司职员。

7 我有一个女儿。
   我有信心。
   我有零钱。
   我有数码照相机。
   我有两个儿子。

8 这儿有电梯。
   那儿有火车站。
   那儿有地铁站
   这儿有公用电话。
   那儿有出租汽车站。

9 这不是我的错。
   这不是我的护照。
   他们不是中国人。
   我不是电脑盲。
   这儿不是北京饭店。

10 我没有男朋友。
   他没有缺点。
   这儿没有中国小说。
   今天没有票。
   明天没有时间。

11 我刷牙。
我洗澡。
我学习汉语。
我做菜。
我打篮球。

12 我爸爸很忙。
这件衣服很便宜。
中国菜很好吃。
这个空调很好。
这部电影很有意思。

13 我在图书馆学习。
他们在那儿打网球。
我在家睡觉。
我在公园跑步。
我在医院工作。

14 这是你的手机吗？
那是你姐姐的吗？
他是你儿子吗？
那个楼是百货大楼吗？
这条牛仔裤是你的吗？

15 你有身份证吗？
你有胶卷儿吗？
冰箱里有可乐吗？
有别的颜色吗？
这附近有洗手间吗？

16 他帅吗？
你工作忙吗？
这个苹果好吃吗？
这个电视贵吗？
这路车去天安门吗？

17 这个橘子甜不甜？
他是不是中国人？
你喝不喝啤酒？
你们去不去滑雪？
他个子高不高？

18 有没有别的？
有没有感冒药？
有没有零钱？
附近有没有医院？
附近有没有自动取款机？

19 你们好吗？
你爸爸、妈妈好吗？
您身体好吗？
你爷爷身体好吗？
你弟弟好吗？

20 你做什么工作？
你的星座是什么？
你的血型是什么？
你吃什么？
有什么事？

21 你什么时候下课？

你什么时候下班？

你什么时候毕业？

这个书店什么时候关门？

咱们什么时候出发？

22 行李寄存处在哪儿？

你老家是哪儿？

在哪儿下车？

韩国大使馆在哪儿？

这路车去哪儿？

23 哪个便宜？

哪个方便？

哪件衣服漂亮？

哪个有意思？

哪个多？

24 今天天气怎么样？

大小怎么样？

吃烤鸭怎么样？

买茅台酒怎么样？

下星期怎么样？

25 我们去散步，好吗？

我们一起吃晚饭，好吗？

我们一起去兜风，好吗？

坐飞机去，好吗？

在书店门口见面，好吗？

26 你几点上课？

你几点上班？

你家有几只猫？

你有几个哥哥？

你有几本词典？

27 这条路多宽？

这条河多长？

这个行李多重？

这个楼多高？

你妹妹多大？

28 等了多长时间？

要待多长时间？

坐飞机要多长时间？

花了多长时间？

睡了多长时间？

29 吃了多少？

这个月有多少天？

利息是多少？

你们班有多少女生？

呆多少天？

30 这件衣服多少钱？

手表多少钱？

苹果一斤多少钱？

双人房多少钱？

一天多少钱？

31 你为什么不买？
你为什么不参加？
为什么这么贵？
你为什么不吃猪肉？
你为什么讨厌我？

32 怎么个吃法？
这个汉字怎么念？
怎么卖？
怎么打开？
今天怎么这么热？

33 请问，您到哪儿去？
请问，你们喝点儿什么？
请问，您住几层？
请问，现在几点了？
请问，这是什么肉？

34 你赞成还是反对？
你喝茶还是喝咖啡？
我们打篮球还是游泳？
今天是星期五还是星期六？
你要凉的还是热的？

35 你是不是后天回国？
你是不是生病了？
你是不是中暑的？
你是不是听错了？
你是不是吹牛的？

36 我可以照相吗？
我可以进去吗？
我可以穿这件衣服吗？
我可以看这本词典吗？
我可以走吗？

37 你知道这件事吗？
你知道百货大楼什么时候开门吗？
你知道他是谁吗？
你知道这是什么吗？
你知道他搬家了吗？

38 这条裤子不太贵。
今天不太热。
学汉语不太难。
我不太习惯。
这件事不太容易。

39 太吵了。
太咸了。
太过分了。
太危险了。
太谦虚了。

40 真像啊！
真可惜啊！
真不容易啊！
真可爱啊！
真热啊！

41 有点儿吃惊。
有点儿渴。
有点儿尴尬。
有点儿面熟。
有点儿麻烦。

42 早一点儿来。
安静一点儿。
等一点儿。
便宜一点儿。
胖一点儿了。

43 我喜欢练瑜伽。
我喜欢吃巧克力。
我喜欢玩电脑。
我喜欢粉红色。
我喜欢秋天。

44 我想听音乐。
我想去中国。
我想买连衣裙。
我想去旅行。
我想学开车。

45 我要学照相。
我要去中国留学。
我要取消。
我要订房间。
我要去看病。

46 我会打字。
我不会打太极拳。
我不会唱歌。
我会弹钢琴。
我不会骑自行车。

47 我不会迟到。
他不会犯错误。
我不会失败。
他不会来。
明天会下雪。

48 别抽烟。
别客气。
别错过机会。
别管我。
别拍照。

49 我一定要成功。
我一定要带弟弟去。
我一定要努力学习。
我一定要考上大学。
我一定要学钢琴。

50 请进。
请慢点儿说。
请说。
请少抽烟。
请转服务台。

51 请读一下。
请介绍一下。
请过来一下。
请写一下地址。
请换一下杯子。

52 请你帮助我。
请你相信我。
请你不要喝酒。
请你让开。
请你转告他。

53 请你帮我翻译。
请你帮我填申请书。
请你帮我打扫。
请你帮我寄包裹。
请你帮我订火车票。

54 请给我一个冰淇淋。
请给我回信。
请给我凉水。
请给我一份报纸。
请给我买水果。

55 祝你走运。
祝你家庭幸福。
祝你早日康复。
祝你健康长寿。
祝你做好梦。

56 谢谢大家的关心。
谢谢你的帮助。
谢谢你的好意。
谢谢你的来信。
谢谢你的礼物。

57 我觉得压力很大。
我觉得这种工作太辛苦。
我觉得他的主意很不错。
我觉得还可以。
我觉得我们做得到。

58 你打算怎么过生日？
寒假你打算做什么？
你打算几点走？
我打算学弹吉他。
我打算跟他商量。

59 如果坐车的话，只需要十分钟。
如果感兴趣的话，去那儿看一看吧。
如果有急事的话，你先回去吧。
如果时间不够的话，你可以延长。
如果不信我的话，你就看一下。

60 我比他大一点儿。
今天比昨天高五度。
这个比那个更贵。
他比我更喜欢甜的。
我比他起得早。

61 跟昨天一样。
跟娃娃一样。
跟平常一样。
我的想法跟他的一样。
跟新的一样。

62 他在等你呢。
他在弹吉他呢。
他在找票呢。
他在休息呢。
他在打网球呢。

63 我买了两本小说。
我毕业了。
我结婚了。
我迟到了。
我跟他分手了。

64 我穿过旗袍。
我犯过错。
我骗过你。
我见过他。
我胖过。

65 就要结婚了。
就要考试了。
就要结束了。
就要下雪了。
就要过春节了。

66 他一边唱歌，一边跳舞。
他一边说，一边开车。
我一边擦汗，一边看他。
我一边听音乐，一边看书。
他一边喝咖啡，一边跟朋友聊天。

67 他女儿又聪明又可爱。
这个菜又甜又酸。
我又饿又累。
练瑜伽又可以消除压力又可以减肥。
他的房间又脏又臭。

68 进来吧。
赶快上车吧。
等一会儿吧。
我们去爬山吧。
先听我说吧。

69 我来做吧。
我来开车吧。
我来看孩子吧。
我来做饭吧。
我来洗碗吧。

70 还是喝茶吧。
还是你开车吧。
还是这样吧。
还是骑车去吧。
还是少吃点儿吧。

71 不是王老师吗？
不是戒烟了吗？
不是说工作很忙吗？
不是说会开车吗？
不是泼冷水吗？

72 越来越紧张。
越来越热闹。
越来越受欢迎。
越来越挑剔。
越来越复杂。

73 差点儿跌倒了。
差点儿坐过站了。
差点儿睡过头了。
差点儿撞车了。
差点儿成功了。

74 再住一个晚上。
再给我一些时间。
再坐一会儿。
他今年又来了。
又出车祸了。

75 再也不喝酒了。
再也不穿这件衣服。
再也不吸烟。
再也不能吃了。
再也不要放弃。

76 我从来不抽烟。
我从来没听过。
我从来没有忘记过。
我从来没有请别人吃过饭。
我从来没想过。

77 怎么也不相信。
怎么也找不着。
怎么也想不起来。
怎么也站不起来。
怎么也想不通。

78 一点儿也不困。
一点儿也不像。
一点儿也不喜欢。
一点儿也不紧张。
一点儿也没兴趣。

79 连钢琴也不会弹。
连小孩也知道。
连一句汉语也不会说。
连电视都不让我看。
连飞机都没坐过。

80 这个商店什么都有。
谁都不喜欢他。
哪儿都能买到。
什么也看不见。
在哪儿都受欢迎。

81 我点什么菜好呢?

我唱什么歌好呢?

我吃什么菜好呢?

我买什么衣服好呢?

我做什么运动好呢?

82 真不知道怎么回答。

真不知道该穿什么。

真不知道你想些什么。

真不知道他说什么。

真不知道他去哪儿了。

83 你想去什么地方,我们就去什么地方。

餐厅卖什么就吃什么。

谁想去谁报名。

你想去哪儿,我们就去哪儿。

什么时候想看就什么时候看。

회화에 꼭~ 필요한

중국어
기초어법

중국어 회화에 꼭 필요한 기초어법을
한눈에 들어오게 정리했습니다.
기초어법만 알아도 중국어의 윤곽이 잡힙니다.

차례

1. 중국어의 기본 어순

▶ **주어 + 술어**

가장 간단한 표현으로 우리와 어순이 같습니다.

주어	술어
我	去。
Wǒ	qù.
나는	간다.

▶ **주어 + 술어 + 목적어**

중국어가 우리말과 가장 다른 점은 술어가 목적어 앞에 쓰이는 것입니다.

주어	술어	목적어
我	去	学校。
Wǒ	qù	xuéxiào.
나는	간다	학교에

▶ **주어 + 부사어 + 술어**

부사어는 우리말처럼 술어 앞에 쓰입니다.

주어	부사어	술어
我	快	去。
Wǒ	kuài	qù.
나는	빨리	간다.

▶ 주어 + 부사어 + 술어 + 목적어

부사어는 술어 앞에 목적어는 술어 뒤어 놓입니다.

주어	부사어	술어	목적어
你	快 来	吃	饭。
Nǐ	kuài lái	chī	fàn.
너	빨리 와서	먹어	밥

▶ 주어 + 부사어 + 술어 + 보어 + 목적어

술어를 보충설명해 주는 보어는 술어 뒤에 놓입니다.

주어	부사어	술어	보어	목적어	
我	昨天	看	完	书	了。
Wǒ	zuótiān	kàn	wán	shū	le
나는	어제	보았다	다	책을	

※ 了는 문미에 쓰여 완료를 나타냅니다.

2. 대명사

인칭대명사

▶ **단수**

我 나
wǒ

你 너
nǐ

他 그
tā

她 그녀
tā

它 그것
tā

▶ **복수**

我们 우리들
wǒmen

你们 너희들, 당신들
nǐmen

他们 그들
tāmen

她们 그녀들
tāmen

它们 그것들
tāmen

咱们 우리들
zánmen

大家 모두
dàjiā

※们은 사람을 지칭하는 명사나 대명사 뒤에 쓰여 복수를 나타냅니다.

同学们 학우들
tóngxuémen

人们 사람들
rénmen

老师们 선생님들
lǎoshīmen

※ 我们과 咱们의 차이점

咱们은 말하는 사람이나 듣는 사람 모두 포함하지만 我们은 듣는 사람을 포함하지 않을 수도 있습니다.

지시대명사

▶ 단수

这 이
zhè

那 그/저
nà

▶ 복수

这些 이것들
zhè xiē

那些 그것들/저것들
nà xiē

※ 些는 확정적이지 않은 적은 수량을 나타냅니다.

의문 대명사

▶ 사람/사물

哪 어느
nǎ

什么 무슨/무엇
shénme

谁 누구
shéi / shuí

▶ 장소

哪儿, 哪里 어디
nǎr   nǎli

▶ 시간

什么时候 언제
shénme shíhou

▶ 상태

怎么 어떻다
zěnme

3. 중국어의 문형

평서문

긍정   我是学生。 저는 학생입니다.
Wǒ shì xuésheng.

부정   我不是学生。 저는 학생이 아닙니다.
Wǒ bú shì xuésheng.

의문문

▶ **吗 의문문**

평서문에 의문조사 吗를 붙여주면 의문문이 됩니다.

- 你是老师吗? 당신은 선생님입니까?
  Nǐ shì lǎoshī ma?

- 你喝咖啡吗? 당신은 커피를 마십니까?
  Nǐ hē kāfēi ma?

▶ **정반의문문**

「동사 + 不 + 동사」의 형태로 만들며 문장 끝에 吗를 붙이지 않습니다.

- 你是不是老师?
  Nǐ shì bu shì lǎoshī?
  당신은 선생님입니까(아닙니까)?

- 你喝不喝咖啡?
  Nǐ hē bu hē kāfēi?
  당신은 커피를 마십니까(마시지 않습니까)?

▶ **선택의문문**

还是를 사용하여 둘 중 하나를 고르는 선택의문문을 만들 수 있습니다.

- **你是老师还是学生?**
  Nǐ shì lǎoshī háishi xuésheng?
  당신은 선생님입니까 아니면 학생입니까?

- **你喝咖啡还是喝茶?**
  Nǐ hē kāfēi háishi hē chá?
  당신은 커피를 마십니까 아니면 차를 마십니까?

▶ **의문사를 이용한 의문**

다음의 의문사를 사용하여 의문문을 만들 수 있습니다.

谁 누구 shéi / shuí	**什么** 무엇 / 무슨 shénme	**哪儿** 어디 nǎr
怎么 어떻게 zěnme	**为什么** 왜 wèishénme	**什么时候** 언제 shénme shíhou

※ 의문사가 있는 의문문에는 문장 끝에 吗를 붙이지 않습니다.

- **他是谁?** 그는 누구입니까?
  Tā shì shuí?

- **你喝什么?** 당신은 무엇을 마십니까?
  Nǐ hē shénme?

- **她去哪儿?** 그녀는 어디로 갑니까?
  Tā qù nǎr?

- 这个怎么样? 이것은 어떻습니까?
  Zhè ge zěnme yàng?

- 你为什么不吃? 당신은 왜 먹지 않습니까?
  Nǐ wèishénme bù chī?

- 什么时候上课? 언제 수업합니까?
  Shénme shíhou shàngkè?

▶ **생략형 의문문 呢**

'~는 어떤데, ~는? (어때)'하고 물어볼 때 「대명사(명사) + 呢」의
형식으로 사용합니다.

- 我喝咖啡, 你呢?
  Wǒ hē kāfēi, nǐ ne?
  나는 커피 마실 건데 너는(뭐 마실래)?

- 我很忙, 你呢?
  Wǒ hěn máng, nǐ ne?
  나는 아주 바쁜데 너는(어떠니)?

앞에 어떤 설명이 없이 「명사 + 呢?」의 형태로만 쓰인 문장은 '~
은 어디 있니?'라는 뜻입니다.

- 你的钱包呢? 네 지갑은? (네 지갑은 어디 있니?)
  Nǐ de qiánbāo ne?

- 他呢? 그는? (그는 어디에 있니?)
  Tā ne?

▶ **多를 이용한 의문문**

「多＋형용사」의 형태로 쓰면 '얼마나 ~합니까?'라는 뜻의 의문문
이 됩니다.

- 多高?　　　얼마나 커요?
  Duō gāo?

- 多大?　　　얼마나 많아요?
  Duō dà?

- 多长?　　　얼마나 길어요?
  Duō cháng?

- 多重?　　　얼마나 무거워요?
  Duō zhòng?

- 多远?　　　얼마나 멀어요?
  Duō yuǎn?

- 多久?　　　얼마나 오래요?
  Duō jiǔ?

- 多少钱?　　얼마예요?
  Duōshao qián?

명령문

▶ **吧**

'~하자, ~해라' 라는 권유, 명령의 뜻으로 문장 끝에 사용됩니다.

- **吃饭吧。** 밥 먹자.
  Chī fàn ba.

- **进来吧。** 들어와.
  Jìn lái ba.

- **上车吧。** 차 타라.
  Shàngchē ba.

▶ **请**

'~하세요, ~해 주세요' 라는 뜻으로 문두에 사용됩니다.

- **请喝茶。** 차 드세요.
  Qǐng hē chá.

- **请坐。** 앉으세요.
  Qǐng zuò.

- **请吃。** 드세요.
  Qǐng chī.

▶ **（你）＋ 동사 ＋ （목적어） 형태의 문형**

- **吃饭!** 밥 먹어!
  Chī fàn!

- **给我!** 나 줘!
  Gěi wǒ!

- **你说!** 너 말해!
  Nǐ shuō!

12

▶ 不要 = 别　～하지 마(세요)

'～하지 마(세요)' 라는 뜻으로 동사 앞에 쓰입니다.

- 你不要喝酒! = 你别喝酒!
  Nǐ bú yào hē jiǔ! = Nǐ bié hē jiǔ!
  술 마시지 마!

- 不要乱说! = 别乱说!
  Bú yào luànshuō! = Bié luànshuō!
  함부로 말하지 마!

- 不要吃宵夜! = 别吃宵夜!
  Bú yào chī xiāoyè! = Bié chī xiāoyè!
  야식 먹지 마!

4. 的의 쓰임

▶ 소유, 소속 (~의)

명사나 대명사가 的를 동반하여 다른 명사를 꾸며주는 경우 보통 '~의 ~'라고 해석하며, 소유나 소속을 나타냅니다.

- **这是你的书吗?**
  Zhè shì nǐ de shū ma?
  이것은 너의 책이니?

- **我的手表。**
  Wǒ de shǒubiǎo.
  나의 시계.

- **我家的狗**
  Wǒ jiā de gǒu
  우리 집의 개.

인칭대명사가 친족 명칭이나 친구, 소속 집단이나 단체를 수식할 경우에는 '的'를 쓰지 않습니다.

- **我妈妈** 우리 엄마
  wǒ māma

- **我朋友** 내 친구
  wǒ péngyou

- **我们学校** 우리 학교
  wǒmen xuéxiào

- **我们公司** 우리 회사
  wǒmen gōngsī

▶ ~의 것

「명사 + 的」형태로 쓰일 때, 的 뒤에 명사가 생략된 경우 '~의 것'이라고 해석합니다.

- **这是谁的?**
  Zhè shì shuí de?
  이것은 누구의 것입니까?

• 这是我朋友的。
Zhè shì wǒ péngyou de.
이것은 내 친구의 것입니다.

▶ ～한 것

「동사/형용사 + 的」 형태로 쓰일 경우 '～한 것'으로 해석합니다.

• 大的 큰 것
dà de

• 好的 좋은 것
hǎo de

• 昨天买的
zuótiān mǎi de
어제 산 것

• 前天来的
qiántiān lái de
그제 온 것

▶ ～한 ～

동사나 형용사가 명사를 꾸며줄 때 的를 사용하며, '～한 명사'로
해석합니다.

형식 : 동사(형용사) + 的 + 명사

• 新买的衣服。
Xīn mǎi de yīfu.
새로 산 옷.

• 我喝的酒。
Wǒ hē de jiǔ.
내가 마신 술.

• 漂亮的裙子。
Piàoliang de qúnzi.
예쁜 치마.

5. 조동사

▶ **要**

동사 앞에 쓰이며 '~하려고 하다'는 뜻입니다. 부정은 不想을 사용합니다.

- **你要喝咖啡吗?** 너 커피 마실래?
  Nǐ yào hē kāfēi ma?

- **我不想喝。** 나 마시고 싶지 않아.
  Wǒ bù xiǎng hē.

※不要는 금지를 나타내거나 말릴 때 사용합니다.

- **不要喝浪费时间。** 시간 낭비하지 마.
  Bú yào làngfèi shíjiān.

▶ **想**

동사 앞에 쓰이며 '~하고 싶다'는 뜻입니다. 부정은 不想을 사용합니다.

- **我想去中国。** 나는 중국에 가고 싶다.
  Wǒ xiǎng qù Zhōngguó.

- **我不想吃冰淇淋。** 나는 아이스크림 먹고 싶지 않다.
  Wǒ bù xiǎng chī bīngqílín.

▶ **会**

동사 앞에 쓰이며 '~할 수 있다'는 뜻입니다. 부정은 不会를 사용합니다

- **我会说汉语。** 나는 중국어를 할 수 있다.
  Wǒ huì shuō Hànyǔ.

- 我不会开车。나는 운전할 줄 모른다.
  Wǒ bú huì kāichē.

▶ 能

능력, 조건이 되어 '할 수 있다'는 뜻이며, 부정은 不能을 사용합니다.

- 她能喝两瓶啤酒。
  Tā néng hē liǎng píng píjiǔ.
  그녀는 맥주 두 병을 마실 수 있다.

- 他能看中文报。
  Tā néng kàn Zhōngwén bào.
  그는 중국어 신문을 볼 수 있다.

▶ 可以

'~할 수 있다'의 뜻일 때, 부정은 不能을 사용하고, '~해도 된다'
의 뜻일 때, 부정은 不可以 혹은 不行을 사용합니다.

- 你明天可以来吗?
  Nǐ míngtiān kěyǐ lái ma?
  너 내일 올 수 있니?

- 我明天不能来。
  Wǒ míngtiān bù néng lái.
  나 내일 올 수 없어.

- 这儿可以抽烟吗?
  Zhèr kěyǐ chōuyān ma?
  여기에서 담배 피워도 될까요?

- 不行!
  Bù xíng!
  안 됩니다.

6. 양사

물건의 단위, 동작의 횟수를 세는 말을 양사라 하며, 크게 명량사와 동량사로 구분됩니다.

명량사

명사를 셀 때 '한 개, 두 장, 세 마리, 몇 권' 등 단위를 나타내는 말입니다.

> 형식 : 수사 + 명량사 + 명사

기본적인 명량사

- 一个人 한 사람
  yí ge rén

- 两位先生 두 분
  liǎng wèi xiānsheng

- 两本书 책 두 권
  liǎng běn shū

- 一只猫 고양이 한 마리
  yì zhī māo

- 一瓶啤酒 맥주 한 병
  yì píng píjiǔ

- 一杯可乐 콜라 한 잔
  yì bēi kělè

- 一支笔 연필 한 자루
  yì zhī bǐ

- 一张纸 종이 한 장
  yì zhāng zhǐ

- 一双鞋 신발 한 켤레
  yì shuāng xié

- 一对夫妻 부부 한 쌍
  yí duì fūqī

동량사

'~ 번/ ~ 차례' 등의 동작의 횟수를 나타냅니다.

> 형식 : 동사 + 수사 + 동량사

▶ 次

가장 많이 쓰이는 동량사입니다. 목적어가 인칭대명사인 경우
목적어 뒤에 「수사 + 次」 형태로 위치합니다.

- 我看了三次。 나는 세 번 보았다.
  Wǒ kàn le sān cì.

- 我吃过烤鸭两次。 나는 오리구이를 두 번 먹어본 적이 있다.
  Wǒ chī guo kǎoyā liǎng cì.

▶ 遍

보통 처음부터 끝까지 동작이 한 번 행해지는 경우 사용하는 동량
사이며 책, 영화, 음악 등에 사용합니다.

- 这本小说我看了一遍。
  Zhè běn xiǎoshuō wǒ kàn le yí biàn.
  이 소설은 내가 한 번 보았다.

- 这部电影我看了两遍。
  Zhè bù diànyǐng wǒ kàn le liǎng biàn.
  이 영화는 내가 두 번 보았다.

7. 시제

了 완료

문장 끝이나 동사 뒤에 쓰여 어떤 동작을 이미 완료했음을 나타냅니다.

> 형식 : 일반동사 + 了
> 부정 : 没(有) + 동사

※ 부정할 때에는 뒤에 了를 쓰지 않습니다.

- 我吃了。　나는 먹었다.
  Wǒ chī le.

- 我没有吃。　나는 먹지 않았다.
  Wǒ méiyǒu chī.

- 他来了。 그는 왔다.
  Tā lái le.

- 他没有来。　그는 오지 않았다.
  Tā méiyǒu lái.

过 경험

동사 뒤에서 '~을 한 적이 있음'을 나타냅니다.

> 형식 : 동사 + 过 + 목적어
> 부정 : 没 + 동사 + 过 + 목적어

※ 부정형은 不가 아닌 没를 씁니다.

- 我吃过北京烤鸭。
  Wǒ chī guo Běijīng kǎoyā.
  나는 북경오리구이를 먹은 적이 있다.

• 他没吃过北京烤鸭。
Tā méi chī guo Běijīng kǎoyā.
그는 북경오리구이를 먹은 적이 없다.

着 지속

동사, 형용사 뒤에 쓰여 어떤 움직임, 상태가 지속되고 있음을 나타 냅니다.

• 窗户开着。 창문이 열려 있다.
Chuānghu kāi zhe.

• 雨下着。 비가 내리고 있다.
Yǔ xià zhe.

• 她穿着红色的裙子。
Tā chuān zhe hóngsè de qúnzi。
그녀는 빨간 치마를 입고 있다.

진행 (正)在~(呢)

현재 '~을 하고 있는 중'이라는 진행을 나타냅니다.

그는 수업 중이다.

• 他正上课(呢)。 Tā zhèng shàngkè (ne).

= 他在上课(呢)。 Tā zài shàngkè (ne).

= 他正在上课(呢)。 Tā zhèngzài shàngkè (ne).

= 他上课呢。 Tā shàngkè ne.

8. 了의 쓰임

완료

동사 뒤 혹은 문장 끝에 놓여 완료를 나타내며 '~했다'로 해석되는 경우가 많습니다. 보통은 문장 끝에 놓이지만 수량사를 지닌 목적어가 오는 경우는 동사 바로 뒤에 놓입니다.

- 我看报纸了。 나는 신문을 보았다.
  Wǒ kàn bàozhǐ le.

- 我在书店买了一本书。
  Wǒ zài shūdiàn mǎi le yì běn shū.
  나는 서점에서 책을 한 권 샀다.

- 我在书店买一本书了。(×)
  Wǒ zài shūdiàn mǎi yì běn shū le.

부정하려면 동사 앞에 没有를 쓰고 了는 쓰지 않습니다.

- 我没有看报纸。 나는 신문을 보지 않았다.
  Wǒ méiyou kàn bàozhǐ.

변화

「형용사+了」의 형태로 쓰여 형용사의 상태가 변화되었음을 나타내기도 하고, 「동사 +了」의 형태로 쓰여 상황의 변화를 나타내기도 합니다. 또, 「快 +了」의 형태로 쓰여 상황의 변화를 예고할 때 쓰이기도 합니다.

▶ 형용사 + 了 : 형용사의 상태변화

- 你胖了。 너 살쪘다.
  Nǐ pàng le.

- 天气好了。 날씨가 좋아졌다.
  Tiānqì hǎo le.

▶ 동사 + 了 : 상황의 변화

· 我会喝酒了。 나는 술을 마실 수 있게 되었다.
Wǒ huì hē jiǔ le.

· 他是我朋友了。 그는 내 친구가 되었다.
Tā shì wǒ péngyou le.

▶ 상황의 변화 예고

· 快下雨了。 곧 비가 오겠다.
Kuài xià yǔ le.

· 雨快停了。 비가 곧 그치겠다.
Yǔ kuài tíng le.

지속 了~了

전부터 지금까지 ~을 계속하고 있음을 나타낸다.

· 他在东京住了一年了。
Tā zài Dōngjīng zhù le yì nián le.
그는 동경에서 1년째 살고 있다.

· 我学了汉语一年了。
Wǒ xué le Hànyǔ yì nián le.
나는 중국어를 1년째 배우고 있다.

9. 동사 형용사의 중첩

동사의 중첩

동작이 일어나는 시간이 짧거나 가볍게 한번 시도해 보는 것을 나타냅니다.

▶ 1음절 동사의 중첩

> 형식1 : 동사 + 동사
> 형식2 : 동사 + 一 +동사

- 听听 좀 들어보다
  tīngting

- 说说 좀 말해보다
  shuōshuo

- 听一听 좀 들어보다
  tīng yi tīng

- 说一说 좀 말해보다
  shuō yi shuō

▶ 2음절 동사의 중첩

ABAB형태로 중첩합니다.

- 休息休息 좀 쉬다
  xiūxi xiūxi

- 学习学习 좀 공부하다
  xuéxi xuéxi

형용사의 중첩

정도가 심화되고 의미가 강조됩니다.

▶ **1음절 형용사의 중첩**

- 慢慢(儿) 천천히
  mànmānr

- 好好(儿) 열심히, 잘
  hǎohāor

▶ **2음절 형용사의 중첩**

AABB형태로 중첩합니다.

- 干干净净 매우 깨끗하다
  gāngan jìngjìng

- 漂漂亮亮 매우 예쁘다
  piàopiao liàngliàng

10. 비교문

▶ 比

형식 : 「A + 比 + B～」
부정 : 「A + 不比 + B～」

- 'A는 B보다 ～하다'
- 'A는 B보다 ～하지 않다'

• 他比我高。
  Tā bǐ wǒ gāo.
  그는 나보다 크다.

부정　他不比我高。
  Tā bù bǐ wǒ gāo.
  그는 나보다 크지 않다.

▶ 没有

형식 : 「A + 没有 + B～」

- 'A는 B만큼 ～하지 않다'

• 他没有我高。
  Tā méiyǒu wǒ gāo.
  그는 나만큼 크지 않다.

• 他没有我聪明。
  Tā méiyǒu wǒ cōngmíng.
  그는 나만큼 똑똑하지 않다.

▶ 和／跟 ~ 一样

　　형식 : 「A + 和／跟 + B + 一样 ~」
　　부정 : 「A + 和／跟 + B + 不一样 ~」

　　-'A는 B와 똑같이 ~하다'
　　-'A는 B와 똑같이 ~하지 않다'

　　• 他跟我一样高。
　　　Tā gēn wǒ yíyàng gāo.
　　　그는 나와 키가 같다.

부정　他跟我不一样高。
　　　Tā gēn wǒ bù yíyàng gāo.
　　　그는 나와 키가 같지 않다.

▶ 不如

　　형식 : 「A + 不如 + B ~」

　　-'A는 B만큼 ~하지 않다'

　　• 她的汉语不如我好。
　　　Tā de Hànyǔ bù rú wǒ hǎo.
　　　그녀의 중국어는 나만 못하다.

　　• 他不如我快。
　　　Tā bù rú wǒ kuài.
　　　그는 나만큼 빠르지 않다.

11. 이중목적어를 취하는 동사

'~에게 무엇을 하다'라는 표현은 '给我打电话。'처럼 '~에게'라는 전치사를 써서 표현하는데 다음과 같은 일부 이중목적어를 취하는 동사인 경우에는 동사 뒤에 간접목적어(사람)와 직접목적어(사물)가 함께 놓입니다.

> 형식 : 「주어 + 술어 + 간접목적어(사람) + 직접목적어(사물)」

- 给 gěi 주다

  ※ 동사로는 '주다', 전치사로는 '~에게'라는 뜻입니다.

- 送 sòng 선물하다, 주다
- 教 jiāo 가르치다
- 问 wèn 묻다
- 借 jiè 빌려주다(빌리다)
- 告诉 gàosu 알려주다

- 他送我礼物了。 그는 나에게 선물을 주었다.
  Tā sòng wǒ lǐwù le.

- 他借了我一本书。 그는 나에게 책 한 권을 빌렸다.
  Tā jiè le wǒ yì běn shū.

- 李老师教我汉语。
  Lǐ lǎoshī jiāo wǒ Hànyǔ.
  이 선생님이 나에게 중국어를 가르치신다.

- 我告诉你一个消息。
  Wǒ gàosu nǐ yí ge xiāoxi.
  내가 너에게 소식 하나 알려줄게.

12. 보어

보어는 동사나 형용사 뒤에 쓰이는 또 다른 동사나 형용사를 말하며 동작, 상태를 보충설명해 줍니다.

정도보어

어떤 동작이 도달한 정도나 상태를 설명해 주는 보어입니다.

> 형식 : 「동사술어 + 구조조사 得 + 정도보어(형용사)」
> 형식 : 「동사술어 + 구조조사 得 + 不 정도보어(형용사)」

- 他说得很快。
  Tā shuō de hěn kuài.
  그는 빨리 말한다.(말하는 정도가 빠릅니다)

- 他说得不快。
  Tā shuō de bú kuài.
  그는 빨리 말하지 않는다.(말하는 정도가 느립니다)

가능보어

동작이 어떠한 결과나 상황에 도달할 수 있는지 없는지 보충 설명해 주는 보어입니다.

> 형식 : 「술어(동사/형용사) + 得 + 결과보어」
> 부정 : 「술어(동사/형용사) + 不 + 결과보어」

- 老师说的我都听得懂。
  Lǎoshī shuō de wǒ dōu tīng de dǒng.
  선생님이 말하는 것을 나는 모두 알아들을 수 있어.

- 老师说的我都听不懂。
  Lǎoshī shuō de wǒ dōu tīng bu dǒng.
  선생님이 말하는 것을 나는 하나도 못 알아듣겠어.

결과보어

동작의 결과를 보충 설명해 주는 보어입니다.

> 형식 : 동사 + 결과보어 + 목적어
> 부정 : 没(有) + 동사 + 결과보어 + 목적어

- 听懂 듣다 + 이해하다 → 들은 결과 이해하다
- 看见 보다 + 보이다 → 본 결과 보이다
- 写好 쓰다 + 완성하다 → 쓴 결과 다 쓰다

- 我看完了书。
  Wǒ kàn wán le shū.
  나는 책을 다 보았다.

- 我没看完书。
  Wǒ méi kàn wán shū.
  나는 숙제를 다 못했다.

방향보어

방향보어는 동사 뒤에 쓰여 동작의 방향을 나타냅니다.

> 동사 + 来 / 去(A)

※ 来는 동작의 방향이 화자 쪽으로 향함을 나타내고, 去는 동작의 방향이 화자 쪽에서 멀어짐을 나타냅니다.

- 走来。 걸어오다.
  Zǒu lai.

- 走去。 걸어가다.
  Zǒu qu.

> 동사 + 上 / 下 / 进 / 出 / 回 / 过 / 起 / 开(B)

- 走下。 걸어 내려오다.
  Zǒu xia.

- 走上。 걸어 올라가다.
  Zǒu shang.

> 동사 + (A + B의 형태)

- 跑进来。 뛰어 들어오다.
  Pǎo jìn lai.

- 跑出去。 뛰어 나가다.
  Pǎo chū lai.

13. 把 용법

把는 목적어를 술어 앞으로 도치시키는 역할을 합니다.

> 형식 : 주어 + 把 + 목적어 + 술어 + 기타성분
> 부정 : 不 / 没(有) + 把 + 목적어 + 술어 + 기타성분

|주의|

① 把 뒤에 올 수 있는 목적어는 말하는 사람이나 듣는 사람이 알고 있는 사물이나 대상이어야 하고 일반적인 사물/대상은 올 수 없습니다.

② 동사 술어 뒤에는 반드시 기타성분이 와야 합니다.

③ 불특정사물을 나타내는 명사에는 把를 쓸 수 없다.

- 把钱还给我吧。
  Bǎ qián huán gěi wǒ ba.
  돈 돌려주세요.

- 把门关上吧。
  Bǎ mén guān shang ba.
  문 닫으세요.

14. 피동문

'~에게 ~을 당하다, ~에 의해 ~되다'라는 의미를 나타내는 문형입니다.

> 형식 : 수동자 + 被 + 주동자 + 동사
> 부정 : 수동자 + 没(有) + 被 + 주동자 + 동사

- 他打我。
  Tā dǎ wǒ.
  그가 나를 때린다.

- 我被他打了。
  Wǒ bèi tā dǎ le.
  나는 그에게 맞았다. (때림을 당했다) 피동문

- 我没被他打。
  Wǒ méi(yǒu) bèi tā dǎ.
  나는 그에게 맞지 않았다.(피동문 부정형)

- 我的钱包被扒手偷了。
  Wǒ de qiánbāo bèi páshǒu tōu le.
  나의 지갑을 소매치기에게 도둑맞았다.

※ 被 대신에 叫 jiào／让 ràng／给 gěi를 사용하기도 한다.